KB215411

영화와 육체

목차

제2부 기계와 결합하는 육체

제3부 경계를 넘어서는 육체

저자 소개

김 경

영화평론가. 이화여대에서 특수교육학과 국문학, 동국대에서 영화학 석사와 박사 수료 후 South Baylo University에서 한의학으로 석사, American Liberty University에서 한방 정신분석학으로 박사 학위를 받았다. 현재 LA 소재 에너지 한의원(Energy Acupuncture) 원장이다. 영화사와 방송 프로듀서(PD)로 기획과 연출, 시나리오 작업을 했으며, 엘에이와 샌디에이고 영화제 프로그래머 및 부집행위원장을 역임했다. 영화사와 장르, 문화연구에 관해 관심을 두고 있으며, 현재 정창화 감독 작품론을 집필 중이고, 정신과 몸에 대한 치료적 접근으로 영화와 한의학을 접목하는 작업을 하고 있다. 《르몽드 디플로마티크》에서 「김경의 시네마크리티크」를 연재 중이다.

김현승

영화평론가. 고려대에서 역사교육과 철학을 전공하고, 한국예술종합학교 영상이론과 전문사 과정에 재학 중이다. 2022년에 제42회 한국영화평론가협회 신인평론상으로 등단하였다. 지금은 《르몽드 디플로마티크》에서 「김현승의 시네마크리티크」를 연재하고 《씨네 21》에서 객원기자로 활동하고 있다. 영화 매체와 관객성을 다루는 메타-필름에 관심을 두고 있다.

김희경

영화평론가. 인제대학교 미디어커뮤니케이션학과 교수. 영상학 박사이며 한국경제신문 기자, 한국예술종합학교 연극원 예술경영 겸임교수, 국제영화비평가연맹 한국본부 사무총장, 한국영화학회 대외협력이사를 지냈다. 영상물등급위원회 자체등급분류 사후관리위원, 은평문화재단 이사, 국제문화&예술학회 이사, 만화평론가로 활동하고 있다. 한국만화영상진흥원 주최 〈2020 만화·웹툰 평론 공모전〉 대상을 수상했다. 《한경비즈니스》에 칼럼과 《르몽드 디플로마티크》에 평론을 연재하고 있으며, 《CJ뉴스룸》에도 글을 실었다. 저서로는 『AI와 영상 콘텐츠』, 『브람스의 밤과 고흐의 별』, 『호퍼의 빛과 바흐의 사막』 등이 있다.

서곡숙

영화평론가, 영화학박사, 청주대학교 영화영상학과 교수. 한국영화교육학회 부회장, 한국영화학회 대외협력상임이사, 계간지 『크리티크 M』 편집위원장을 역임하면서 부산국제영화제, 전주국제영화제, 부천국제영화제, 대종상 등의 심사위원으로 활동하고 있다.

송상호

영화평론가, 경기일보 기자로 활동하며 글을 쓰고 있다. 2021년 박인환상 영화평론 부문 수상, 2023년 영평상 신인평론상 우수상 수상을 받았다. 현재 《르몽드 디플로마티크》에서 「송상호의 시네마 크리티크」를 연재하고 있다.

송영애

영화평론가. 서일대학교 영화방송공연예술학과 교수. 한양대학교 연극영화학과에서 영화 연출을 전공했다. 단편영화 4편을 만들었지만, 실험영화에 관심이 생기면서 대학원에서 영화이론 공부를 시작했다. 현재 대중문화, 영화역사, 영화교육, 대안영화 등을 연구하며, 《세계일보》, 《르몽드 디플로마티크》에 기고 중이다. 공저로 『영화예술의 이해』(2000), 『은막의 사회문화사: 1950~70년대 극장의 지형도』(2017), 『한국영화감독1』(2020), 『영화와 배우』(2021), 『영화와 가족』(2022), 『영화와 권력』(2023) 등이 있다.

윤필립

영화평론가, 응용언어학자. 대학에서 강의하며 한국 언어/문화 연구에 집중하고 있다. 학부와 대학원에서 국어국문학(한국어교육)을 전공했으며, (사)한국시나리오작가협회 영상작가전문교육원 수료 후 무궁화 스토리텔링 공모전(동화), 서울국제사랑영화제 기독교 영화비평상, 동아일보 신춘문예 영화평론 부문 등에서 수상했다. 만화평론상, 대종상, 서울국제프라이드영화제의 심사위원 및 영평상 집행부 등을 역임했다.

이현재

경희대학교 K컬쳐·스토리콘텐츠연구소, 리서치앤컨설팅그룹 STRABASE 뉴미디어·콘텐츠 섹터 연구원.「한류 스토리콘텐츠의 캐릭터 유형 및 동기화 이론 연구」(경제·인문사회연구회)「글로벌 게임산업 트렌드」(한국콘텐츠진흥원)「저작권 기술 산업 동향 조사 분석」(한국저작권위원회) 등에 참여했다. 2020 동아일보 신춘문예 영화평론부문, 2021 한국만화영상진흥원 만화평론부문 신인평론상, 2023 게임제네레이션 비평상에 당선되어 다양한 분야에서 평론 활동을 하고 있다.

육체, 그 자유로운 몸짓

《르몽드 디플로마티크》가 올해의 비평 주제로 선택한 '육체'는 영화가 담을 수 있는 무한한 가능성을 내포한다. 육체가 영화적 서사 속으로 들어설 때, 그 형태와 의미는 예기치 못한 방식으로 확장된다. 장르는 영화가 육체를 다루는 방식의 중요한 지표가 된다. 손에 땀을 쥐게 만드는 고공 액션, 먹잇감의 사지를 찢어발기는 괴수, 원초적인 웃음을 자아내는 슬랩스틱 코미디, 음악의 리듬을 시각화하는 매혹적인 몸짓들, 그리고 SF 시대에 모호해진 인간과 비인간의 경계까지. 하지만 영화와 육체의 관계가 단지 장르적 접근에 국한되는 것은 아니다. 육체는 삶의 흔적들을 간직하면서도 매 순간 늙어가며 죽음을 예고한다. 유동적인 젠더와 달리, 태어날 때부터 주어진 몸은 우리에게 '보편적인' 삶의 기준을 제시하기도 한다. 또한, 영화 속 캐릭터가 잠시 빌린 배우의 몸에 주목하거나 영화를 하나의 살아있는 육체로 바라보는 시각 역시 가능할 것이다. 이러한 주제들은 단순한 이론적 논의를 넘어서 영화라는 매체를 통해 육체의 존재와 그 의미를 어떻게 마주할 것인지에 대한 근본적인 질문을 던진다. 이제 여덟 편의 글을 간략히 살펴보자.

제1부, '관객과 소통하는 육체'는 다양한 형태의 '영화 몸'을 탐구하는 글들로 구성되어 있다. 김경의 「〈동사서독〉, 충만한 기관 없는 몸에 대한 깨달음」은 린다 싱어를 비롯한 여러 '영화 몸'의 양상들을 소개한 뒤, 〈동사서독〉(1994)에 나타난 모호한 몸의 이미지를 심도 있게 분석한다. 영화를 하나의 생명현상으로 바라보는 관점은 왕가위 감독 특유의 기법들과 절묘하게 결합하며 육체를 바라보는 새로운 시각으로 이어진다. 윤필립의 「육체와 감각의 재구성, 〈폴: 600미터〉 그리고 한국형 괴수물」은 관객을 전제하는 매체의 특성을 토대로 영화가 관객에게 선사하는 체험에 주목한다. 〈폴: 600미터〉(2022)를 통해 관객과 소통하는 영화적 감각을 살핀 뒤, 국내 괴수 장르의 계보를 되짚으며 영화가 인간의 육체와 감각을 어떻게 재현하는지 탐구한다. 송영애의 「존재하지 않는 육체의 존재감」은 영화 안팎의 육체들을 간략히 다룬 뒤, 일반적인 몸의 범주를 벗어나는 작품들에 주목한다. 스파이크 존즈 감독의 〈그녀〉(2014), 던칸 존스 감독의 〈소스 코드〉(2011), 백종열 감독의 〈뷰티 인사이드〉(2015)를 다루며 각 영화에 나타난 인간/비인간의 구체적인 양상을 살핀다.

제2부, '기계와 결합하는 육체'는 새로운 기술이 인간 육체를 변형하는 과정을 다룬다. 김현승의 「플라톤의 그림자: SF 시대 정신과 육체의 이분법」은 SF 디스토피아 장르에서 기계와 결합하는 인간의 모습을 집중적으로 조명하며, 그 기저에 놓인 '플라톤의 그림

자'를 지적한다. 〈2001 스페이스 오디세이〉(1968), 〈공각기동대〉 (1995)와 같은 영화사에 길이 남을 고전들과 현대 SF 작품들을 넘나들며, '본질'에 대한 인간의 집착이 실존적 위기로 귀결되는 모습을 분석한다. 송상호의 「원본의 가치가 무용해진 시대, 〈익스펜더블〉로 본 육체의 위기」는 왕년의 액션 스타들, 그들의 나이 든 몸이 어떻게 영화 속에서 재현되는가에 대해 논의한다. CG 기술의 발전으로 '원본'의 가치가 점점 퇴색되는 시대에, 영화는 나이 듦을 어떻게 바라보아야 하는지를 끊임없이 되묻는다.

제3부, '경계를 넘어서는 육체'는 정체성을 횡단하며 그 위에 여러 의미가 중첩되는 인간의 몸에 주목한다. 김희경의 「영화가 그리는 성별의 제약과 여성의 육체」는 셀린 시아마 감독의 작품을 중심으로 성별에 따른 사회적 제약을 탐구한다. 〈톰보이〉(2011)와 〈타오르는 여인의 초상〉(2019)은 모두 주인공의 옅은 미소로 막을 내리며 연대를 통한 제약의 극복과 그로 인한 성장의 과정을 그려낸다. 서곡숙의 「영화 〈69세〉: 노인 여성의 육체와 폭력」은 임선애 감독의 〈69세〉(2020)를 중심으로 성범죄에 노출된 노인 세대의 취약성과 이를 둘러싼 공권력의 부조리함을 날카롭게 드러낸다. 피해자에게 '피해자다움'을 강요하는 법체계 속에서 노인의 몸은 가해자와 피해자의 신분을 넘나든다. 이현재의 「공연하는 육체 앞의 단호함」은 무대 위에 선 예술가에게 주목하며 영화 〈류이치 사카모토: 오퍼스〉(2023)와 〈흑의인〉(2023)을 비교한다. 죽음의 기운이 스며든 두 육체에서 우리는 그들의 삶이 남긴 단호한 흔적들을 마

주하며, 그 흔적들이 다시 예술이라는 형태로 지속되는 과정을 살핀다.

이처럼 여덟 명의 필자는 각기 다른 시각에서 육체를 바라보며, '영화'와 '육체'를 잇는 다채로운 결과물을 만들어냈다. 이 책이 독자들에게 육체를 바라보는 새로운 사고의 틀을 여는 계기가 되기를 바란다. 예술이 자신의 가치를 더욱 절실하게 증명해야 하는 시대에, 기꺼이 시간을 투자해 책을 함께 만든 여덟 명의 영화평론가들과 르몽드코리아의 성일권 대표님, 조은수 디자이너님, 편집부 모든 분께 깊은 감사의 말을 전한다.

2025년 4월
필자를 대표하여
김현승

제1부
관객과 소통하는 육체

1장
<동사서독>, 충만한 기관 없는 몸에 대한 깨달음

김 경

육체와 신체 그리고 영화 몸

육체는 유물론적인 몸으로서 흔히 정신 혹은 이성과 대립하는 개념으로 사용되어 왔기 때문에, 의식이 살로 변한 육화된 의식을 포함한다는 의미를 내포한 '몸(Physiologie)'을 세계 해석의 출발점으로 삼기도 한다.[1]

신체라고 변별할 수도 있겠지만, 한국어의 몸(body)과 마음(mind)이라는 단어가 보이는 음양적 구조까지 내포한 '몸'[2]을 채택하는 것이 문화적인 맥락이 담긴 몸을 표현할 수 있다. 그러므로, 몸이라는 말은 근본적으로 통합적이다.

---

[1] 이진우, 「니체의 반역적 사유:의식의 이성과 몸의 이성」, 『철학』, 제48집/1996 가을, pp. 187~214.

[2] 정대현, 『심성내용의 신체성 Embodied Mental Content: 언어 신체성으로 마음도 보인다』, 아카넷, 2001, p.339.

평론가 비비안 솝책은 '영화 몸(film-body)'이라는 용어를 도입하여 영화는 지각기관인 카메라, 표현기관인 영사기, 세계 공간인 스크린으로 이루어진 일련의 유기체라고 하며, 이는 관객과 영화의 소통 관계를 위한 기반이라고 하였다. 이러한 영화 몸을 통한 영화 경험은 관객의 비전과 영화의 상호관계라고 본 것이다.[3] 그러나, 소브책은 영화의 매체에 대한 '영화 몸' 연구보다는 관객의 지향적 체험에 비중을 둠으로써 영화 현상학의 범주를 벗어나진 못했다.

그에 비해 린다 싱어는 영화 매체, 특히 렌즈와 각도의 조작을 '몸화'하여 욕망의 출현을 설명한다. 예컨대, 광각은 깊이와 넓이로 조작된 시야에 대한 욕망이며, 줌인(zoom in)은 응시와 응시의 목표물 사이를 욕망의 힘으로 다리를 놓는 마술적인 봄의 양식을 선명하게 실현하여 봄의 욕망을 영상화한다는 것이다. 그렇게 함으로써 세계라는 진창에 빠지지 않고 마음대로 거리의 범위를 자유롭게 설정할 수 있는 몸화된 봄의 능력을 실현하려는 욕망을 표현할 수 있다. 그녀는 클로즈업은 봄의 결핍을 채워주기 위해 봄에 개입하는 힘이 가장 뚜렷하며, 금기시되고 있는 봄의 지대를 가까이 보고 싶은 욕망을 충족시켜 주고 맥락에 상관없이 대상의 내적 중요성을 부여함으로써 물신화할 힘을 소유한다고

---

3 V. Sobchack(1992) The Action Eye: A Phenomenology of Cinematic Vison, : Quaterly Review of Film and Video, Vol.12(No.3) p.191.

했으며, 편집 또한 시각적 결핍을 충족시켜 준다고 했다. 예를 들어, 연속편집은 단절, 틈새 없는 세계를 보려는 욕망을 재현하며 몽타주는 병치로 인해 새로운 고유의 맥락을 생성하려는 봄의 방식이라는 것이다.[4] 즉, 욕망을 실현해 주는 영화 매체의 '몸성'에 주목했다.

스티븐 샤비로는 린다 싱어의 라캉적 욕망 공식을 거부하고, 질 들뢰즈와 펠리스 가타리에 기초를 둔 포스트모던 감성을 기본으로 "영화 이미지는 재현(representation)이 아니라 사건(events)이다"[5]라고 주장한다. 이는 이미지나 사건에 매혹되는 것을 강조한 것이다. "내 마조히즘적 이론 성향은 이미지에 대한 나의 속박을 즐기는 것"[6]이라고 자칭 들뢰지언다운 설명을 덧붙인다.

이렇듯 꾸준히 다양한 각도로 영화 몸을 시도해 왔지만, 몸을 통해 영화를 보는 시도는 여전히 대안적 역할에 그치고 있다. 그러나 몸이라는 프리즘을 통해 세상을 들여다보면 지각과 감각, 이성과 정서, 결핍과 욕망, 그리고 증상 등을 볼 수 있다. 몸에는 사유하는 정신이 있고, 느끼는 감각이 있으며, 그런 것들을 추동

---

4 Linda Singer(1990) Eye/mind/screen: Toward a phenomenology of cinematic scopophilia, Quarterly Review of Film and Video, 12:3, pp. 51-67.

5 Steven Shaviro(2000) The Cinematic Body, The University of Minnesota Press. p.24.

6 Ibid. p.25.

하는 여러 힘들, 정서들(열정이나 욕망(affectus))이 있기 때문이다. 그리고 무엇보다 몸은 생명현상이 벌어지는 공간이다. 몸은 생명 에너지의 흐름 외에도 실존하는 공간 속에서 문화적 생물학적 맥락까지 포용할 수 있다.

영화를 몸으로 본다는 것은 무생물 요소가 집합된 조직으로부터 솟아나는 창발적 생명현상이 있는 몸으로 보겠다는 의미와도 같다. 또, 영화는 '기록'된 '부재', '활동사진'이라는 것만으로이미 유기체가 되는 신화적 생명이다. 그래서인지, 영화 몸은 직관적이고 매혹적인 유전자가 극대화되며 진화한다. 이 진화의 패러다임에 왕가위 감독의 영화 〈동사서독(東邪西毒)〉(1994)이있다.

얼굴 클로즈업 : 풍경이 된 얼굴, 얼굴이 된 풍경

얼굴은 정서적 힘이 가장 뚜렷하다. 그 때문에 얼굴 클로즈업은 그것이 놓여있는 맥락에 상관없이 내적 중요성을 부여함으로써 물신화할 힘을 갖게 된다. 〈동사서독〉은 주인공 구양봉의 얼굴 클로즈업으로 시작한다. 주변은 온통 어둡고, 조명은 얼굴에 강한 콘트라스트(contrast)를 만들며, 얼굴과 카메라 사이에는 장막이 일렁인다.

장막과 장막의 그림자는 얼굴 클로즈업을 계속 분열시키며몰입을 방해한다. 이에 따라 그의 얼굴과 표정, 그것이 만들어내

새장 그림자 얼룩 © IMDb, Baidu

는 내면을 보고자 하는 욕망은 더 간절해진다. 투사된 판타지인 배우의 얼굴을 가까이 보는 것이 차단되는 이러한 방식의 얼굴 클로즈업은 〈동사서독〉에 반복적으로 나타난다. 장막의 역할을 새장이나 새장 그림자, 물너울 등으로 변화를 줄 뿐이다. 장막과 새장 혹은 그것의 그림자나 너울 등을 얼굴에 드리우는 것은 인물 내면의 분열이나 결핍에 대한 장면화다.

클로즈업은 편집과 맥락에 따라 표정이 되거나 풍경이 된다. 노란색 사막과 점점이 흩날린 피, 먹물이 번지는 추상화 같은 〈동사서독〉 타이틀은 장자의 무위자연(無爲自然) 혹은 잭슨 폴록의 인위를 거부한 흩뿌리기 작품처럼 보인다. 동양에서는 몸을 자연에 상응하는 소우주라고 본다. 몸 혹은 소우주처럼 자연에 맡긴 '번짐'은 〈동사서독〉의 영화 몸성, 기관 없는 몸의 질료에 대한 알레고리다. 웅장한 일식이 일어나는 하늘과 일식 햇살이 반사되어 출렁이는 물결, 그리고 황량한 사막이 교차한다. 대자연 속 소

구양봉(좌), 황약사(우) 사각 앵글 클로즈업 ⓒ IMDb, Baidu

우주인 무협 영웅, 동사와 서독이 등장한다.

동사와 서독의 얼굴 역시 각각 대칭 단독 숏으로 사각(斜角) 앵글 클로즈업이다. 태양의 이동을 조명으로 표현하고, 머리카락에 바람을 담는다. 움직이는 건 바람도 깃발도 아닌 마음이라는 고어(古語)와 함께. 두 사람의 대결 장면은 스텝 프린팅(Step Printing)[7]으로 인해 경계가 없어져 '번지게' 된다. 구양봉과 황

---

7 스텝 프린팅은 피사체를 저속촬영 후 특정 부분을 필요한 만큼 복사해 붙이는 방법으로, 피사체의 비현실적인 움직임을 만드는 영화 기법이다.

약사는 일식의 해와 달처럼 두 개의 몸이지만 찰나의 인연으로 인해 하나로 겹친다. 일식 장면이 이들을 에워싼다. 그들은 말 그 대로, 동과 서이며, 음과 양이고, 영화와 몸이다. 구양봉의 내레이션으로 황약사를 소개하는 장면에서 그들 사이에 계속 돌고 있는 새장은 끊임없이 돌고 있는 이 음과 양의 에너지를 시각화한 또 다른 중요한 얼굴이다.

새장은 등장인물의 얼굴이나 관계에 표정을 만든다. 왕가위 감독은 인물들의 클로즈업을 사용하여 쓸쓸한 정서를 드러내곤 한다. 등장인물의 얼굴 클로즈업은 사막 익스트림 롱숏과 병치되어 얼굴이 풍경이 되고 풍경이 얼굴이 되는 과정의 편집을 통해 다시 하나의 유기체로 통합된다.

새장 ⓒ IMDb, Baidu

1장 <동사서독>, 충만한 기관 없는 몸에 대한 깨달음

스텝 프린팅, '기관 없는 몸'

〈동사서독〉은 무협 액션영화의 외피에 사랑과 복수로 이어진 엇갈린 인연들을 통해 허무하고 쓸쓸한 감수성을 보여주었다. 김용의 『사조영웅전』(1957)은 왕가위의 〈동사서독〉에서 전혀 다른 질료를 갖는다. 그래서 액션 중심의 풀 숏보다 얼굴 클로즈업, 시적인 대사, 냉소적 내레이션, 상대방의 등만 바라보는 이루어질 수 없는 사랑, 그리고 땅과 하늘과 물이 출렁이는 장면들의 연속일 뿐이다. 그나마 손가락으로 셀 수 있을 만큼 적은 분량의 액션은 스텝 프린팅을 구사해서 몸의 경계선이 없어진다.

철학자 들뢰즈와 가타리의 유명한 개념 중에 '기관 없는 몸'이라는 것이 있다. (CsO, Corps sans Organe). 물질이 아닌 에너지로 이루어진 몸을 강조한 개념이다. 들뢰즈는 도공족의 알이나 개구리알처럼 강렬도 분포에 따라 보이지 않는 점선만 상상해 볼 수 있는 것들을 '기관 없는 몸'의 예로 든다. 이는 잠재성이 있는 질료적 흐름이다. 이 질료적 흐름은 보이지 않지만, 강력한 생명 에너지가 흐르고 있는 유기체에 존재한다. 들뢰즈와 가타리는 탈지층화를 통해 기관으로서 할당된 고정성을 벗어나 질료적 흐름으로 되돌아가는 잠재적 능력을 간파한다. 저자들은 프랜시스 베이컨의 『조지 다이어에 대한 세 연구』(1964) 등 뭉개진 얼굴들을 예로 든다. 기관 없는 몸이 된다는 것은 탈 기관화하는 것, 기관으로서 할당된 고정성을 벗어나 알로, 질료적 흐름으로 되돌아

움직이는 건 바람도 깃발도 아니라 그대의 마음 © IMDb, Baidu

가는 것, 그것을 통해 다른 기관이나 형상으로 변성될 잠재적 능력을 획득하는 것이다.

왕가위가 사용하는 스텝 프린팅은 베이컨의 뭉개진 얼굴화처럼 인물들의 형체를 뭉개서 '기관 없는 몸'을 구현한다. 먹물처럼 번지기 기법(탈영토화(déterritorialistion)[8])을 통해, 왕가위가 무협 액션영화라는 고정된 기관을 벗어나고자 하는 의도를 볼 수 있다. 먹물 번지기 자체가 이미 자연의 흐름을 탄 것처럼 스텝 프린팅이라는 '기관 없는 몸'을 구현한 왕가위는 영화 서두에 육조

---

8 '영토성'이란 원래 동물행동학에서 나오는 텃세라고 번역되는 개념이다. 가령 호랑이나 늑대·종달새 등은 분비물이나 다른 사물·소리 등으로 자신의 영토를 만든다(영토화, territorialistion).
들뢰즈와 가타리는 이 개념을 변형시켜 다른 개념을 만들어 낸다. 가령 '탈영토화'(déterritorialistion)는 기왕의 어떤 영토(territoire)를 떠나는 것이다. 이를 다른 것의 영토로 만들거나, 다른 곳에서 자신의 영토를 만드는 경우 '재영토화'(reterritorialistion)라고 한다.

혜능 선사를 인용하여 "움직이는 것은 깃발도 바람도 아니요, 그대의 마음이다"라는 자막과 구양봉 내레이션으로 '기관 없는 몸'을 다시 확인한다.

보이지 않는 바람의 움직임을 보고 바람이냐 깃발이냐를 논하는 것은 무의미하다는 가르침이다. 바람과 깃발에 미혹된 사이 정작 마음/몸에 대한 본질을 잊는 것이다.

왕가위는 바람으로 은유 된 순수한 질료적 흐름의 본질을 제시하기 위해, '충만한 기관 없는 몸'을 지향한다.

충만한 기관 없는 몸을 기다리며

『안티 오이디푸스』(1972)[9]에서 등장했던 '충만한 몸'이나 '충만한 기관 없는 몸'에서 '충만한'이란 '다양한 잠재성을 가진'이란 말이다. 즉 충만한 기관 없는 몸이란, 다양한 규정성과 양상을 가질 수 있으며 다양한 가능성과 잠재성을 향해 열려 있는 몸이다. 기관 없는 몸을 만드는 것은 질료적 흐름 그 자체다. 이 흐름을 따르는 것은 상대적으로 기다려야 할 시간도 필요하다는 뜻이다.

왕가위가 〈동사서독〉을 촬영하기 위해 사막에서 2년을 보내

---

9 안티 오이디푸스(Anti-Oedipus : Capitalism and Schizophrenia)는 1972년에 발표된 작품으로 프랑스 철학자인 질 들뢰즈와 정신분석학자인 펠릭스 가타리가 공동으로 집필하였다. 이 책에서 들뢰즈와 가타리는 분열분석(Schizoanalysis)에서 개념들과 이론을 계발하였다. 그들은 이 개념들과 정신분석학, 경제학, 창조 예술, 문학, 인류학, 역사 등을 연관시켰다.

고 돌아와서, 이제 모든 면에 자신감이 생겼다고 인터뷰한 대목이나 배우들이 그의 느슨한 기다림과 즉흥적 연출로 인해 부담스러워한다는 대목들을 보면, 그가 사막 바람을 기다리며, 인간 존재 내면을 들여다보길 바랐고, 그 순수한 질료적 흐름에 몸을 맡기고 흐름을 타고 싶어서 비효율적이고 무리한 촬영 일정을 감수했을 것으로 생각한다.

그가 기관 없는 몸을 위해 탈영토화한 영화적 시도는 모룡연/모룡언이라는 두 개의 인격을 지닌 한 몸을 통해서도 보여준다. 배우 임청하는 한 몸에 두 개의 질료가 흐르는 것을 〈동방불패(東方不敗)〉(정소동, 1992)에서도 보여준 바 있다. 그러므로, 관객은 임청하의 몸에 결합한 두 가지 인격을 꽤 익숙하게 받아들일 수 있다. 도공족의 알처럼 생긴 기관 없는 몸의 점선이 새장의

음양을 표현한 모룡연/모룡언

어지러운 그림자와 중첩되어 그녀/그의 얼굴에 드리운 장면은 그녀/그가 기관 없는 몸이 되는 과정에 대한 화면구성이다.

그녀/그가 뒤돌아서며 검기로 물을 가르는 장면 역시 화면 가득 갈라지지 않는 점선, 기관 없는 몸의 다른 표현을 보여준 것이다. 물을 가르는 장면을 수평 앵글로 보면 2차원의 면을 자르는 점선으로 보이지만 3차원의 높은 앵글로 보면 커다란 원이다. 음양은 결국 두 개가 아니라 하나다. 그리고 서로 역동적으로 변하는 것이다. 음양은 질료의 변화와 항상성을 견지한다는 측면에서 기관 없는 몸의 원형이다.

그녀/그의 검이 황약사를 베었던 앞 장면과는 달리 이번에는 그녀/그의 몸에 벌어지고 있는 충만한 기관 없는 몸의 과정을 형상화했다고 볼 수 있다. 영화의 시간 구조나 플롯 구성이 순환형이고 원형인 것과 같은 맥락이다.

충만한 기관 없는 몸의 흐름과 원형의 유기체 구조는 새장과 그림자, 검기로 가르는 원형의 파장뿐만 아니라, 시간의 흐름 역시 이야기 서사와 같은 원형구조다. 상대방의 등만 바라보는 쓸쓸한 사랑이라는 고리가 사계절 24절기를 따라 돌고 나면 처음의 경칩과 마지막의 경칩 사이에 기관 없는 몸이 가득하다.

취생몽사가 만드는 기관 없는 몸

〈동사서독〉의 플롯은 매우 단순하다. 구양봉 얼굴 클로즈업으로 시작하여 인연 순서대로 쇠사슬처럼 이어지다 보면 결말에 이르러 다시 구양봉 얼굴 클로즈업으로 돌아온다. 이렇듯, 이 영화의 인연 서사는 꼬리를 물고 있는 뱀처럼 하나의 몸을 이룬다. 자기 꼬리를 물고 있는 우로보로스(Ouroboros)[10]라는 뱀은 그리스어로 '꼬리를 씹어 먹는 자'라는 뜻으로, 이 뱀은 끝도 없고 시작도 없다. 자기 입으로 자신의 꼬리를 물어 처음과 마지막이 묶인 하나의 원이 되어, 탄생과 죽음을 결합한 상징으로 여겼다. 시간도 개구리가 겨울잠에서 깬다는 경칩에서 시작해서 경칩으로 끝나니 처음의 경칩과 마지막의 경칩은 중첩되기도 하고 새롭기도 하다. 경칩은 시작이며 출생이다.

개구리가 깰 때 만물이 깨어난다. 해마다 경칩이면 황약사는 아내 자애인이 보낸 '취생몽사'라는 술을 가져와 구양봉에게 권한다. "번뇌가 많은 까닭은 기억력 때문"이라는 전언과 함께.

황약사는 구양봉의 형으로 자애인은 형수가 된 구양봉의 옛 연인이다. 자애인은 구양봉에게 취생몽사를 보내며 매년 그녀를 상기시킨다. 그들은 서로 사랑했지만 구양봉은 자애인에게 끝내 '사랑한다'고 '말'하지 않았다. 형수가 되어 구양봉의 옆에 머물겠다고 집착을 보이던 그녀는 '취생몽사'를 통해 잊자고 권한다. 구양봉은 "취생몽사는 그녀의 농담이었다"고 알고 있다. 구양봉

---

10 암수의 한 몸으로 된 우로보로스(Ouroboros)는 상반된 다른 성이 합성되어 있으며, 동시에 동일시되는 상징물이다. 모룡연/모룡언도 우로보로스와 맥락을 같이 한다.

은 술에 담긴 농담의 이중성을 존중해서, 자애인 사후(死後)에야 비로소 취생몽사를 마신다. 황약사는 아내와 동생의 애틋한 사랑을 잊고 싶었던 건지, 구양봉이 거절한 취생몽사를 매번 자신이 마신다. 덕분에 그는 해마다 기억을 잃게 되고, 망각이 불러일으킨 오해로 자신의 인연들이 얽힌다.

이렇듯 단순한 원형구조는 취생몽사로 인해 시간과 만남, 그리고 기억의 경계선이 뒤죽박죽으로 보이는 점선이 된다. 마치 그들의 얼굴에 드리운 새장의 그림자처럼. 황약사는 새장을 바라보며, 언젠가 본 것 같다고 한다. 재치 있는 대사다. 그가 본 것은 새장일까, 기관 없는 몸일까.

취생몽사는 마시면 기관 없는 몸이 되는 묘약인지도 모르겠다. 취생몽사를 마시고 취해 잠이 들면 그 꿈속에서 살고 죽는다는 뜻이니 기억을 잃거나 꿈속에서 호접몽을 꾸거나 기관 없는 몸으로 재영토화되는 과정인 것은 마찬가지다. 경칩에 부활하고 다시 꿈꾸다가 다음 경칩에 또 부활하는 것이라는 순환은 뫼비우스 띠 같은 에너지의 흐름이다. 그래서, 〈동사서독〉은 허무하고 쓸쓸하지만 사기(邪氣)가 아니라 생기(生氣)를 내포한 기관 없는 몸이기도 하다.

개구리가 꿈에서 깨어나든 나비가 깨어나든, 꿈은 몸이 된다. 꿈은 몸을 통해 신화적 변신을 한다. 색즉시공. 공즉시색. 즉, 형상이 그대로 공이고, 공이 그대로 형상인 세계가 되는 것이다. 기관이 없는 몸일 때 '무아'의 상태가 될 수 있고 그 잠재성을 가지게 된다. 그러나 기관 없는 몸이나 무아에 이르는데 가장 걸림돌이 되는 것이 '기억'이다.

〈동사서독〉의 인물들은 모두 기억 때문에 괴로워한다. 기억 속 어느 단어, 어느 약속 때문에 괴로워한다. 그래서 저마다 상처받은 만큼 복수하고 싶어 한다. 동사와 서독의 관계에도 기억이 가로 놓여있다. 취생몽사를 기억의 이면으로 본다면, 취생몽사를 기억으로 치환할 수 있다. 황약사는 영화 도입부에 취생몽사를 마시며, 구양봉은 결말에 이르러 마신다. 취생몽사를 마시면 기억이야 잊겠지만 치유가 되는 건 아니니 자애인 사후에 마시는 취생몽사는 기억해야겠다는 아집에서도 자유로워지려는 기관 없는 몸에 대해 또 한 번의 시도일 뿐, 치유는 아니다. 기관 없는 몸은 가능하지만, 충만한 기관 없는 몸은 아니라는 것이다. 무아 혹은 생기에 이르는 충만한 기관 없는 몸으로 가는 여정에 치유가 동반된다면 더할 나위 없다.

눈물을 흘리는 데서 복수 행위까지 나름대로 정서가 분출한다. 제대로 분출하면 효과를 볼 수 있다. 눈물과 복수는 대표적인 해소(Katharsis, Catharsis) 장치다. 모욕당한 사람의 외상적 사건에 대한 반응은, 그 반응이 적절한 경우에만, 예를 들어 복수 따위의 경우에만 카타르시스 효과를 발휘한다. 그러나 언어가 행동을 대신 할 수 있다. 즉 언어의 도움만으로 행동과 거의 마찬가지로 효과적으로 감정을 소산(Abreagieren)시킬 수 있다. 자애인은 긴 독백 끝에 폭풍 눈물을 흘린다. 자애인은 구양봉에게 일생을 건 집착으로 복수를 자행했는데 그녀는 구양봉이 자신에게 사랑한다고 말하지 않아 모욕을 느꼈다. 모욕은 'Krükung', 말 그대로 '병나게 하는 것'이다. 히스테리는 '생각으로 유발된' 병리 현상이다. 즉, 정신적, 심리적 갈등으로 인해 발생하는 신경증이다. 때문에, 생각이 언표되고 행동으로 드러날 때는 은유와 상징 혹은 치환이 되곤 한다. 자애인이 남편에게 주며 정인에게 전해 달라는 상황과 취생몽사라는 모순적인 술에 담긴 상징, 긴 독백, 빈번한 얼굴 클로즈업, 화면 가득 담긴 몽환적인 물결과 음악 등은 히스테리가 상징화된 것이다.

영화 몸이 말하고 있는 증상

몸은 기억으로 인해 괴로워한다.[11] 기억이 괴로움이다. 프로이트는 "증상은 기억의 상징이다"[12]라고 했다. 그리고 그는 평생에 걸쳐 그 메시지의 상징 구조를 연구했다. 라캉이나 융 등 정신분석학 연구자들도 마찬가지였다. 무의식과 꿈, 기호와 언어, 상징과 억압 등으로 몸이 말하고 있는 증상을 치료해 보고자 한 것이다. 동양의학에서도 사려과다(思慮過多), 즉 생각은 비장을 상

---

11 요제프 브로이어·지그문트 프로이트, 김미리혜 역 『히스테리 연구』 프로이트 전집3, 열린책들, 2014. 19.

12 앞의 책, p.233.

해서 습담과 울습병, 즉 우울증을 유발한다고 했다. 〈동사서독〉은 물론, 왕가위 영화의 인물들은 대체로 우울하다. 〈동사서독〉의 경우 홍칠만 예외로 다소 밝고 긍정적이어서 달걀 몇 개 때문에 목숨을 걸고 완사녀의 복수를 해 주고, 사랑하는 아내와 함께 소박한 일상으로 돌아간다. 이 모습을 보고 구양봉은 처음으로 부러웠다고 읊조린다. 다른 이를 마음에 품고 몸 따로 마음 따로인 나머지 인물들은 함께 있어서 더 외로운 존재들이다. 이들을 둘러싸고 있는 황량한 사막은 이들 마음 풍경에 대한 은유다.

〈중경삼림(重慶森林)〉(왕가위, 1994)에서 통조림 유효기간을 통해 홍콩반환 기간에 대한 은유를 한 것처럼 〈동사서독〉 역시 시간에 대한 천착을 보여주며 그 허무함을 상징한다. 〈동사서독〉은 97년 홍콩 본토 반환에 대한 홍콩인들의 상실감과 허무하고 암울한 심리상태를 표현한 것이라고 해석할 수 있다. 자애인의 다음과 같은 독백처럼.

가질 수 없으면 잊지는 말자.

제목인 동사서독은 홍콩 작가 김용의 무협 소설 『사조영웅전』에서 '천하오절'로 불리는 5명의 절정 고수 중 '동사(황약사)'와 '서독(구양봉)'을 지칭한다. 영화의 영어 제목인 〈Ashes of Time〉(시간의 재)은 더 직설적으로 의미를 전달한다. 시간은 재처럼 허무한 인연 속에도 기억은 남아 있으며, 인연들의 중심축에 있는 동사와 서독을 이어주고 있는 것도 기억이다.

기억을 하면 증상이 나타난다. 외상 후 증후군(PTSD)의 증상 중에 기억을 하면 반점이 나타나는 경우가 있다. 기억의 상징이 몸의 증상으로 나타나는 것을 '스티그마타(stigmata)', 즉, 예수 상흔의 반복이라고 한다. 외상을 추적해 들어가면 악몽이 반복되는 것도 같은 경우로 볼 수 있다.

치료를 위해 종종 사용되는 자유연상법은 환자로부터 망각된 소재를 찾기 위해서 착상한 것이다. 치료 과정에서 망각을 위한 방어기제를 걷어버리고 기억을 떠오르게 하는 것이다. 유동성 강한 환자의 무의식이 특정한 주제를 암시하듯이 나타날 때 환자에게 숨겨진 소재를 추측하고 전달하게 하는 과정에서 편린 같이 떠오르는 기억을 관련된 주제들과 연결해 주는 것이 치료자의 역할이다. 자유연상 작용의 주제들은 어디에서 오는가에 대한 의문에 대한 답을 해결하는 것이다. 자유연상 특성의 본질은 연속적으로 떠오르지 않으면서도, 환상적으로든 무의식 심층 기제에서든 체험했던 외상에 관한 흔적을 사회적 문화, 관습, 법률, 규칙이 허락하는 범위에서 자신의 가치관에 따라서 초자아가 허락하는 범위에서 표출하기 때문에, 그 허용범위 내에서 최대한 즐기고자 하는 충동적인 본능은 은유, 환유의 기법을 동원하여 말실수, 농담, 기지와 상징 등등을 이용하여 의식 세계에 떠올렸을 때는 더욱더 수수께끼와 같아진다. 표출된 무의식적 외상의 흔적은 언어화되기도 하지만 때로는 환자들의 신경증과 같은 증상들로

제1부 관객과 소통하는 육체

도 나타난다.

증상으로 말한다는 것(coding)의 기호체계, 즉, 그 언어를 익히고 그 언어를 해석해 주고 통역해 주며 이해시켜 주는(decoding) 것이 치료자의 역할이다. 증상으로 말하는 몸은 계속 말을 건네고 있다. 그런 의미에서 정신분석학적 영화비평은 이미 영화를 정신이 깃든 몸으로 보며, 영화평론가는 치료자와 같은 입장으로 영화 몸이 건네는 말을 분석하며 듣는다.

〈동사서독〉이라는 영화 몸은 남루하게 표현해도 여전히 아름다운 배우의 얼굴 클로즈업과 표정, 스텝 프린팅, 장황하고 시적인 내레이션, 일렁이는 사막과 물결 그리고 해와 달이 천천히 움직이는 하늘, 하늘이 담긴 쨍한 오아시스, 비장하고 몽환적인 음악 등을 통해 증상을 말한다. 정신증과 신경증에서 보여주는 현실감 상실을 보여준다. 기관 없는 몸이 되는 과정의 통과제의는 증상이기 때문이다. 시쳇말로 아픈 만큼 성숙해진다.

대상을 상실하면 불안이 엄습한다. 일렁이는 물결과 광활한 사막, 척박한 환경, 배우들의 표정은 모두 하나같이 불안과 우울에 대한 화면구성이다. 불안은 고통, 일렁임, 고독, 우울감은 사랑과 상실을 경험하면서 겪게 된다. 핸드헬드 사각 앵글이 빈번히 사용되는 것도 그런 이유다. 멜랑콜리 역시 잃어버린 것에 대한 쓰라린 그리움이다. 역동적인 삶에서의 상실이 문제다. 포기는 멜랑콜리의 끝을 보여준다. 구양봉과 황약사, 자애인은 자포자기하는 심정으로 망각을 선택하거나, 냉소적 살인청부업자가 되거

우울과 멜랑콜리 자애인(좌), 황약사(우) ⓒ IMDb, Baidu

나, 하루 종일 창가에 앉아 눈물을 흘리며 회한에 젖어 살다, 마음의 병을 얻어 죽음에 이른다.

산 아래에 있을 때는 산 너머가 궁금하고. 사막에 있을 때는 사막을 보지 못한다. 잊으려 할수록 기억은 더 선명해지고, 사랑 안에 있을 때는 그것이 사랑인지 알지 못한다. 고향을 떠나서야 고향이 그립고, 사랑을 떠나서야 그것이 사랑이었음을 뒤늦게 깨닫는다. 깨달음은 늘 이처럼 한발 늦게 온다.

그러나 해마다 경칩이 돌아오는 것처럼, 자연은 다시 봄을 맞고, 영화 몸은 끊임없이 탈영토화되고 재영토화된다. 몸은 생명현상이 벌어지는 곳이고 생로병사 자연의 섭리를 따를 수밖에 없기 때문이다.

동아시아의 영화 몸, 소우주

〈동사서독〉은 김용의 무협 소설『사조영웅전』을 각색했지만, 동사와 서독 등의 이름만 가지고 왔다. 황약사를 동사로 불렀고, 구양봉을 서독이라고 불렀다. 이름만 남기고 내용은 말 그대로 재영토화한 것이다. 〈동사서독〉은 기관 없는 몸을 통한 재영토를 위한 대안으로 동아시아적 비전을 담았다. 예컨대, 인물의 등장에 따른 각각의 에피소드가 24절기의 움직임에 따라 이어져간다. 시간의 24절기가 동양적 원형구조인 것은 자연의 이치다. '오늘 보는 저 나무가 어제의 그 나무가 아니다'라는 변화와 항상성에 대한 지혜이기도 하다. 하늘과 사막은 늘 변화와 항상성 속에 있었는데, 그 모습을 이제 '깨달은 것'이다.

변화와 항상성에 대한 깨달음 ⓒ IMDb, Baidu

난 이틀 동안 문 앞에 앉아서 하늘이 변하는 걸 보고서야…이곳에 오랫동안 있었으면서도 사막도 제대로 못 본 걸 알았다.

깨달음은 궁극적인 지향점이며, 충만한 기관 없는 몸이 가야 할 길이다. 자연의 질서에 감응하는 몸은 음양이 화평할 때 비로소 변화와 항상성이 유기체적으로 통합될 것이다.

제1부 관객과 소통하는 육체

2장
육체와 감각의 재구성, <폴: 600미터> 그리고 한국형 괴수물

윤필립

디지털 영화 시대 영화적 체험이란

영화는 태생적으로 관객을 전제한다. 여기서 관객이란 심오한 눈과 날카로운 지성으로 작품의 가치를 평가하는 영화 전문가만을 뜻하지는 않는다. 그것은 오히려 덜 전문적이지만 영화 보기를 즐겨 하는 일반인들을 의미한다는 점에서 전문가 집단보다는 불특정 다수의 대중을 의미한다고 보는 것이 옳다. 이렇게 볼 때 영화는 대중예술임을 알 수 있겠다. 그런데 대중예술은 일차적으로 대중과의 소통이 이루어져야 한다. 그래서 개별 영화 작품들은 어떤 형태로든 관객들에게 말을 걸게 마련이며, 관객들은 그렇게 말을 걸어오는 영화에 자신만의 방식으로 반응을 하게 된다. 바로 이러한 반응이 곧 관객들의 영화적 체험이다. 일반적으로 영화를 보는 관객들은 영화적 체험을 위해 육체로 느껴지는 감각을 동원한다. 흔히 오감으로 일컫는 미각, 시각, 청각, 촉각,

후각 같은 것들 말이다.

　이러한 영화적 체험과 육체의 감각이라는 관점에서 영화사 초기의 작품들을 돌아본다면, 뤼미에르 형제의 〈열차의 도착 (L'Arrivée d'un train en gare de La Ciotat)〉(1895) 등은 정물화나 풍경화 같은 회화처럼 관객들의 눈을 통해 시각에 일차적인 자극을 가했다. 이는 영화의 음향 기술이 발달하기 훨씬 전의 일이므로 그 시대의 영화는 단지 움직이는 회화에 지나지 않았다. 그런데 당시의 기록을 보면 관객들은 아무런 소리도 들리지 않는 스크린을 바라보며 자신을 향해 돌진해 오는 열차에 소스라치게 놀랐다고 한다. 우리 시대의 특수 상영관에서도 쉽게 느낄 수 없는 오감 짜릿한 영화적 체험이 그렇게 단순한 영상을 통해 이뤄진 것이다.

뤼미에르 형제의 〈열차의 도착〉에서 역으로 들어오는 열차

한편, 특정 예술 분야에서 대중들의 감각을 자극하며 그들의 예술적 체험을 극대화하려는 노력은 이미 오래전부터 시작되었다. 중세 시대 화가들은 정지된 그림에 사실감을 더욱 정밀하게 불어넣고자 카메라 옵스큐라라는 암전 상자를 활용했으며, 그러한 사실적 회화는 정지된 영상인 사진 기술을 탄생시켰다. 그러다가 1800년대 말 미국의 에디슨은 거기서 좀 더 발전된 형태인 키네토스코프를 발명하여 대중들이 혼자서 동영상을 들여다볼 수 있게 되었고, 몇 년 후 프랑스의 뤼미에르 형제가 시네마토그래프라는 현대적 의미의 영사기를 발명하여 불특정 다수에게 영화를 상영할 수 있게 되었다.

앞서 언급한 〈열차의 도착〉을 포함하여 뤼미에르 형제가 제작한 초기 영화는 상업적 성공을 거두었다. 이런 초기의 상업 영화는 그저 공장에서 퇴근하는 사람들의 모습이나 기차역으로 들어오는 열차를 포착하는 정도였다. 그럼에도 관객들이 열광했던 이유는 이전에 경험한 적 없는 낯선 기법과 그것이 제공하는 쾌감의 신선함을 체감했기 때문이다. 다시 말하면, 정밀한 회화나 실제를 그대로 옮겨 놓은 사진을 들여다보며 시각적인 즐거움과 그것에 자극받는 상상력 정도에만 만족했던 대중들이 움직이는 영상을 통해 또 다른 차원의 경험, 즉 시각적 자극 이상의 영화적 체험을 하는 순간에 이른 것이다.

지금의 관점에서는 단지 무의미한 영상 클립에 지나지 않는 당시의 상업 영화가 대중들에게도 지겨워질 때쯤 프랑스의 조르주 멜리에스 감독은 거기에 이야기를 가미하여 장르를 창조했다. 그리고 음향 기술 및 동시 녹음 기술의 발전은 시각 중심의 영화에 청각을 부여함으로써 이전 시대의 영화적 체험이 지녔던 한계를 수월하게 극복하기에 이른다.

그렇다면 그 외의 감각, 즉 미각과 촉각 그리고 후각은 어떠한가? 이러한 질문에 누군가는 디지털 영화의 도래와 함께 등장한 다양한 상영 기술 즉, IMAX, 4D, 4DX 등 최신의 테크놀러지를 떠올릴 것이다. 실제로 4DX 상영관에서는 영화 속에서 등장인물들이 처한 상황을 관객들이 최대한 직접적이고도 즉각적으로 느낄 수 있도록 기류, 물, 냄새, 진동 등을 동원하며 관객들의 오감을 자극한다. 이러한 상영 기술은 영화 산업적인 측면에서 아주 귀여운 상술에 지나지 않음에도 특수 상영관 티켓의 매진 사례 등에서 알 수 있듯이 동시대의 관객들은 영화를 통한 육체적 체험을 두 팔 벌려 환영하고 있다.

여기서 한 가지 주의해야 할 것은, 관객들의 오감을 자극하는 육체로 느끼는 영화적 체험은 반드시 기술적 성취를 전제하지는 않는다는 점이다. 아니, 어쩌면 그럴 필요가 없을지도 모르겠다. 영화사 초기의 무성영화가 어트랙션(attraction) 무비로 기능했던 것을 떠올린다면 말이다. 1895년 프랑스의 관객들이 뤼미에르 형제의 〈열차의 도착〉을 보며 스크린 안으로 서서히 들어오는 열차에 칠 듯한 공포감에 휩싸였다가, 그것이 스크린 밖으로 지나간 후 열차에서 내리는 승객들의 모습을 통해서 느꼈을 그 안

도감. 당시 관객들은 이러한 무성영화를 보며 마치 놀이공원의 역동적인 놀이기구를 경험한 듯한 신선한 쾌감 때문에 그리도 단순한 영화에 열광한 것이라 볼 수 있겠다. 이에 근거해 영화학자 톰 거닝은 영화사 초기의 작품들을 어트랙션 영화로 분류한 바 있다. 쉽게 말해, 해당 영화들은 관객들에게 놀이공원의 놀이기구나 특정 여행지의 관광명소 같은 것으로 기능했다는 것이다.

이러한 먼 옛날의 관객들이 그렇게 단순한 영화를 통해 육체의 오감으로 느꼈을 영화적 체험을 상기할 때, 디지털 영화 시대라고 하여 관객들이 경험하는 영화적 체험이 무조건적으로 첨단의 디지털 테크놀러지를 전제한다고 볼 수 있겠는가? 물론 다양한 디지털 테크놀러지의 발전은 영화 제작 방식뿐만 아니라 관객들이 기대하는 영화적 체험의 형태 또한 바꾸어 놓은 것이 사실이지만, 그러한 기대에 부응하는 방법이 반드시 테크놀러지 기반의 그 무엇이어야 할 것으로 보이지는 않는다. 이러한 사실은 MZ세대를 중심으로 '심박수 챌린지' 등의 놀이문화를 파생시킨 김성수 감독의 〈서울의

김성수 감독의 〈서울의 봄〉 ⓒ 플러스엠

봄〉(2023)을 통해서도 잘 알 수 있다. 좀 더 자세히 말하면, 이들 관객은 〈서울의 봄〉의 CG 기술이나 그것을 보여주는 특수 상영관의 상영 기술이 아니라 이 영화에 등장하는 '전두광'이라는 캐릭터와 그 주변 인물들이 일삼는 치졸한 언동에 적극적으로 반응했다.

이렇게 본다면, 디지털 기술의 발달에도 불구하고 관객들은 여전히 영화를 '눈'으로 보고 있으며, 그 속의 사운드를 '귀'로 듣고, 영화 안에서 보이는 여러 이미지를 통해 영화 속 캐릭터와 사물들을 '피부'로 느끼고, '코'로 냄새 맡으며, '입'으로 맛보는 등 아날로그적 감각에 집중한다는 것을 알 수 있다. 그렇다면 그러한 '감상'은 구체적으로 어떻게 일어나는가? 이를 위해 여기서는 스콧 만 감독의 영화 〈폴: 600미터(Fall)〉(2022)를 통해 지금의 상업용 오락영화가 오감을 자극하며 관객을 유인하는 방식을 살펴보고, 몇 편의 한국형 괴수물을 통해 동시대의 영화가 어떻게 인간의 육체와 감각을 영화적으로 재현하는지 들여다보고자 한다.

피부로 느끼는 영화, <폴: 600미터>

영화를 이야기하는데 영화적 육체와 감각을 다루는 것은 독자의 입장에서 상당히 난감할 것도 같다. 그도 그럴 것이, 영화는 육체, 즉, 눈으로 드러나는 물리적인 몸을 갖고 있지 않으며, 그 때문에 육체로 느낄 감각 기관 또한 지니고 있지 않기 때문이다.

이에 대해 비비안 솝책 등 영화를 현상학적으로 연구하는 이론가들은 영화가 어떻게 관객들의 육체적 감각과 상호관련성을 맺는지 논리적으로 설명한다. 그러한 논의를 종합해 보면, 결국 현상학적으로 영화는 관객들과 소통하는 거대한 몸이며, 촉각의 매개체인 피부를 지닌 하나의 육체로서 관객이라는 육체와 교감하므로, 영화적 체험 또한 시각적인 것에서 촉각적인 것으로 확장될 수 있다.

현상학자들의 이러한 주장은 그저 현학적 이론에 불과한 것으로 볼 수도 있겠지만 2020년 이후 제작되거나 개봉한 오락용 상업 영화들을 보면 그러한 주장은 일면 타당하다. 〈폴: 600미터〉를 그 예로 들어보자. 영화의 역사를 돌아보면 대중들이 선호하는 '재미있는 영화', 즉 영화의 오락성이 무엇인지에 대한 단서를 발견할 수 있게 된다. 말하자면, '재미있는 영화'란 단순히 정지된 피사체를 놀라울 만큼 사실적으로 복제한 것을 포함하며, 거기에 움직임을 가미함으로써 실재감을 높이고, 그것을 다른 관객들과 함께 보며 웃고 기함하기도 하면서 흐름을 따라갈 수 있는 흥미로운 서사가 내재된 작품인 것이다. 이러한 점에서 〈폴: 600미터〉는 관객들에게 충분한 재미를 선사하는 '볼 만한' 오락영화라 할 수 있다. 그 보는 재미는 암벽 타기를 하다 소중한 사람을 잃고 상실감에 빠진 두 여성이 지상 최고 높이의 TV 안테나 구조물 앞에 서며 점입가경으로 흐른다.

영화에서 친구 헌터는 비극적인 사고로 남자 친구를 잃어 상실감에 빠져 사는 베키를 찾아와 한 가지 제안을 한다. 지상에서 가장 높은 600미터의 타워에 오르는 것. 베키는 애써 거절하지만 슬픔을 극복하기 위한 한 방법이 될 수 있다는 헌터의 설득에 이 위험천만한 모험에 함께 하게 된다. 마침내 그곳을 오르는 데 성공하는 베키와 헌터. 그러나 누구도 오르지 못한 높이를 정복했다는 짧은 쾌감도 잠시, 곧이어 아무도 예상 못 한 사고가 터진다. 600미터의 녹슬어 낡은 타워에 위태롭게 붙어 있던 사다리가 맥없이 떨어져 나간 것. 그렇게 베키와 헌터는 아찔한 높이에 고립된 채 생존을 위한 숨 막히는 사투를 펼친다.

뤼미에르 형제가 〈열차의 도착〉에서 활용한 어트랙션으로서의 열차는 영화 〈폴: 600미터〉에서 지상 최고 높이의 구조물로 탈바꿈한다. 그리고 1895년에 〈열차의 도착〉이 관객들에게 극도의 수평적 스릴과 쾌감을 선사했다면, 2022년의 〈폴: 600미터〉는 관객들이 영화사 어느 지점에서도 경험한 바 없는 수직적 공포와 아찔한 쾌감을 선사한다. 여기서 주목할 점은, 영화사적으로 전혀 다른 시기의 작품들이 각기 다른 방식으로 관객들에게 유사한 쾌감을 주고 있다는 것이다. 특히, 그 쾌감을 추적해 보면 그것은 결국 관객들의 육체와 그 육체가 연결된 감각과 관련된다는 것을 알 수 있다. 2022년의 영화 〈폴: 600미터〉가 주는 스릴감은 XR 등 가상현실이 일상화된 미래의 영화 상영 현장에서는 아마도 지금의 관객들이 〈열차의 도착〉을 보며 느끼는 이해하기 어려운 쾌감이 될는지도 모르겠다. 그러나 적어도 현재를 기준으로 할 때 이 작품이 주는 어트랙션 영화로서의 묘미는 여전히 유효하다.

그런데 영화사 초기의 어트랙션 영화들은 대부분은 러닝타임이 짧기에 관객들이 그것은 스크린에 재현된 '가짜'임을 알아차릴 때쯤 영화가 끝난다. 반면, 지금은 장편 극영화가 대부분 90분 이상을 넘어가고 있으므로 단순한 어트랙션만으로는 관객들

안테나에 오르던 중 사고를 당하는 베키 ⓒ 네이버 영화

의 몰입도를 유지하기에 불충분하다. 다행히 조르주 멜리에스가 영화에 불어넣은 서사라는 개념 덕분에 단순한 어트랙션 영화에 스토리가 생겨나고, 그것은 장르 문법의 발달과 함께 스펙터클로 발전한다. 그 점에서 영화 〈폴: 600미터〉 또한 조르주 멜리에스에게 빚진 부분이 많다. 즉, 수직으로 높이 솟은 600미터의 TV 안테나는 압도적인 높이감 외에는 낡고 녹슨 철제 구조물에 지나지 않으므로 그 자체만으로는 그리 오래 지켜볼 만한 가치가 없다. 그러나 그것이 좌절을 딛고 당당히 일어서는 여성 서사와 만났을 때는 그야말로 이야기가 달라진다.

즉, 서사를 통해 캐릭터들이 어떻게든 살아서 내려가야 할 이유가 생기고, 그렇게 캐릭터들이 하강을 시도할 때 관객들은 그들과 함께 낙하하는 공포에 동참하며 아찔한 스릴을 만끽할 수 있는 것이다. 이때 동원되는 독수리와 드론은 이 영화의 스펙터클 구축에 힘을 싣는다. 공간적 배경이라고는 좁은 철탑 난간이 70% 이상을 차지하는 이 영화에서 관객들은 아이러니하게도 등장인물들을 공격하는 독수리를 통해서 하늘을 경험하게 되고, 드론을 통해서 등장인물들 앞에 펼쳐진 발아래 세계와 연결된다. 영화 〈폴: 600미터〉는 이렇게 최고 높이의 TV 안테나라는 수직적 어트랙션을 통해 캐릭터들의 가슴 졸이는 사투를 그려내고, 그들 주변을 날아다니는 비행체(독수리와 드론)를 통해 수평적 스펙터클을 만들어낸다. 결과적으로, 이를 통해 관객들은 캐릭터들의 강력한 생존본능에 동참하게 되고, 그것은 아찔함과 간절함이 절묘히 응축된 신선한 스릴감으로 완성된다.

이렇게 〈폴: 600미터〉는 오락영화로서의 소임은 다하지만 분명 그 속에 펼쳐지는 서사는 턱없이 헐거운 게 사실이다. 초반부의 신파에서 급선회하는 중반부의 여성들의 동지애, 그리고 거기서 다시 한번 방향을 트는 종반부의 가족주의는 각각이 긴밀한 연결고리 없이 뜬금없이 나타났다 사라지기를 반복한다. 거기에 〈47 미터(47 Meters Down)〉(2017)의 그늘을 지우지 못한 '비밀'은 다소 구태의연하지만, 이러한 한계에도 불구하고 〈폴: 600미터〉는 아찔한 높이만으로도 충분히 관객들의 눈과 피부를 자극하며 보고 느낄 맛이 나는 작품이다. 최근의 상업적 오락영화는 이렇게 관객들의 오감을 자극하는 데 집중하는 경향이 있다.

억압된 욕망의 폭발과 괴물로 변모하는 육체, 한국형 괴수물의 진화

앞서 〈폴: 600미터〉를 통해 지금의 영화가 어떻게 관객이라는 육체와 소통하며 영화적 감각을 부여하는지, 결과적으로 그것이 어떻게 관객들에게 영화적 체험을 선사하는지 살펴보았다. 이는 영화가 그 외부의 관객이라는 육체를 어떻게 자극하는지를 보여준다. 그렇다면 영화 내부에서는 어떤 일이 일어나고 있을까? 이와 관련하여, 여기서는 한국형 괴수물에 초점을 맞춰 동시대의 영화들이 인간의 육체와 감각을 재현하는 방식에 대해 이야기하고자 한다.

한국형 괴수물에서 주로 다루고 있는 주제 내지는 미덕은 근본적으로 "사람은 무엇으로 사는가?"라는 질문에서 파생되는데, 이것은 인간의 존재 이유에 대한 케케묵은 물음이기도 하다. 인류의 탄생 이후 끊임없이 되풀이되었을 질문에 어떤 형태로든 여전히 논쟁이 이루어지고 있다는 것은, 그 질문 자체가 아직도 모두가 그 답을 찾지 못한 인류사의 난제 중 난제라는 의미일 것이다.

러시아의 작가 톨스토이는 『사람은 무엇으로 사는가』(1885)라는 다소 직설적인 제목으로 이에 대해 다룬 바 있는데, 이 소설에서는 결국 사람은 사랑으로 살아감을 이야기한다. 이것은 인간을 향한 신의 사랑인 아가페를 제외한다면 대부분의 사랑은 현재를 살아가는 인간의 욕망과 직접적으로 맞닿아 있다는 점에서 일면 타당한 듯하다. 그 대상이 사람이든 사물이든 누구나 사랑하고 싶어 하고 사랑받고 싶어 하기에. 만약 인간이 살아가는 이유가 사랑이라면 그러한 가치를 추구하는 본성 자체가 곧 인간성이라고 할 수 있겠다.

이러한 인간의 존재 이유와 인간성에 대한 문제는 OTT의 리미티드 시리즈물을 포함한 극영화 작품 전반에서 흔히 찾아볼 수 있는 주제로, 그것을 사랑 혹은 욕망과 연관 짓는다면 에로스적 사랑을 다루는 포르노그래피나 멜로드라마가 가장 먼저 떠오른다. 여기서 포르노그래피가 직접적인 성애 묘사로 보는 이의 즉각적인 신체적 반응을 유도한다면, 멜로드라마는 등장인물 간의 관계성에 집중함으로써 관객들에게 지연된 감정적 반응을 유도

하며, 그 결과는 대부분 눈물로 나타난다. 이렇게 인간의 존재 이유를 사랑으로 볼 때 영화의 장르별로 각 작품이 이야기 속에서 집중하는 대상과 방식은 크게 달라지는 것이다.

한편, 인간의 존재 이유에 관한 문제는 공포 장르의 단골 주제이기도 하다. 대표적으로, 좀비나 원귀가 등장하는 괴수물에서는 사람의 형상을 하고 있음에도 식욕이나 복수심과 같은 말초적인 욕망 외에는 아무것도 남지 않은 괴수가 등장하며, 사이코패스가 등장하는 스릴러물에서는 죄의식 없이 연쇄살인을 일삼는 살인마가 등장한다. 이러한 캐릭터를 통해 각각의 작품들은 과연 인간다움이란 무엇이고 그것이 사라진 채 겉모습만 사람이라면 그 또한 인간이라 볼 수 있는가 하는 물음을 던진다. 이와 같은 공포 장르의 주제 의식은 〈부산행〉(연상호, 2016), 〈스위트홈〉(이응복, 2020), 〈경성 크리처〉(정동윤, 2023) 등 최근 활발히 제작되고 있는 한국형 괴수물에서도 일맥상통하게 적용되는데, 이들은 대부분 인간의 실존과 인간성 상실에 관한 문제를 적극적으로 다루고 있기 때문이다.

여기서 한 가지 주목할 것은, 〈부산행〉 이후에 제작된 괴수 영화들이 그동안의 한국형 괴수물의 전통에서 벗어나 있다는 점에서 차별화된다는 것이다. 그렇다면 그러한 차이는 어디서 오는 것일까? 그것은 바로 공포 장르에서 활용하는 인간의 억압된 욕망이 개별 작품 안에서 어떤 식으로 귀환하느냐에 달려 있다. 프로이트에 의하면, 인간의 욕망은 억압될지언정 결코 사라지지 않

연상호 감독의 〈부산행〉 포스터 ⓒ 네이버 영화

으며, 무의식중에 잠겨 있다가 어떤 형태로든 되돌아오게 되어
있다. 영화 비평가 로빈 우드는 이것을 '억압된 것의 귀환'이라
칭하며 공포 영화가 주는 쾌감을 설명한다. 다시 말해, 일반적인
사회 환경에서 사람들은 그 누구도 쉽게 시스템의 전복과 파괴를
시도하지 않으나, 그것이 꿈이나 가공된 환상임이 명백할 때 사
람들은 자신을 짓누르는 사회적 규범을 상상 속에서 파괴하고 거
기서 쾌감을 얻는다는 것이다. 이러한 쾌감은 공포 장르에 등장
하는 괴수가 바로 자신과 동일시될 때 더욱 커질 수밖에 없다. 그
러한 점에서 〈부산행〉 이후의 한국형 괴수물은 바로 이렇게 사인
화된 욕망을 품고 있는 괴물을 활용함으로써 인간 존재와 인간성

에 대한 근본적인 질문을 던지며 이전의 괴수물과 차별적으로 진화하기 시작했다.

'억압된 것의 귀환'이라는 개념을 제시한 로빈 우드에 따르면 공포 영화 속 괴물들은 사회가 억압하려 했던 타자들이다. 이것은 〈살인마〉(이용민, 1965), 〈너 또한 별이 되어〉(이장호, 1975), 〈여곡성〉(이혁수, 1986), 〈여고괴담〉(박기형, 1998), 〈폰〉(안병기, 2002) 등, 한국 공포 영화에 자주 등장하는 처녀 귀신을 떠올릴 때 타당함을 알 수 있다. 그 이유는, 그들 대부분이 각각의 작품 안에서 가부장제 내지는 남성 중심의 사회문화라는 사회적 억압으로 인해 희생당한 후 원귀로 귀환하여 서슬 퍼런 복수를 감행하고 원한의 대상을 처단하는 양상으로 드러나기 때문이다. 이를 근거로, 공포 영화 속에서 괴물들이 보이는 가공할 파괴력은 사회적으로 사소화된 누군가의 욕망이 거침없이 폭발하는 장면이라 해석하기도 하며, 그러한 괴물들의 행태가 관객들에게 공포와 쾌감을 동시에 느끼게 한다고 보는 것이 일반적이다.

이렇게 한국 공포 영화 속에서 원귀로 귀환했던 억압받는 여성들은 2000년대 초 한국 영화 르네상스기부터 점차 자취를 감추기 시작하다 2000년대 후반부터는 〈검은집〉(신태라, 2007)의 이화처럼 여성 사이코패스로 귀환하고, 이러한 경향은 〈썸바디〉(정지우, 2022)의 김섬처럼 비교적 최근까지 이어지고 있다. 여기서 주지할 것은, 이화와 김섬이라는 캐릭터는 사회적으로 희생을 강요당하기보다는 오로지 자신의 욕망에 사로잡힌, 독립적이고도 주도적인 여성이라는 공통점이 있다는 것이다. 이는 한국 사회가 급변하면서 처녀 귀신 영화의 원귀로 박제되어 있던 여성들이 넓은 의미에서 또 다른 공포 장르인 미스터리나 스릴러 속에서 사인화(私人化)된 욕망을 품은 가해자로 변모한 것이라 볼 수 있겠다.

박기형 감독의 〈여고괴담〉 포스터 ⓒ 네이버 영화

그런 점에서 최근 공포 장르에 속하는 한국형 괴수물에서 인간의 실존과 인간성 상실의 문제를 적극적으로 다루고 있다는 사실은 매우 놀랍고도 반갑다. 물론 〈괴물〉(봉준호, 2006) 에서 한국형 괴수물의 가능성이 새롭게 제시되기도 했으나 그 이후에 제작된 〈차우〉(신정원, 2009), 〈7광구〉(김지훈, 2011), 〈물괴〉(허종호, 2018) 등의 작품에서는 여전히 점프 스케어(jump scare)에 의지한 채 관객들에게 짜릿한 악몽을 선사하는 데에만 몰두함으로써 기존에 한국형 괴수물이 지니고 있던 한계를 넘어서지 못했다.

그러한 점에서 영화 〈부산행〉과 OTT 시리즈 〈스위트 홈〉, 〈경성 크리처〉는 서사적 한계가 치명적임에도 불구하고 괴수물이라는 공포 장르로만 놓고 볼 때는 상당한 의미를 지닌다. 이들 작품에서 특히 눈에 띄는 것은 각각의 서사 안에서 인간의 육체를 활용하는 양상이다. 즉, 기존의 한국형 괴수물에 등장하는 괴수들은 철저히 인간과 차별화되는 동시에 타자화되었으므로 늘 인간에 의해 명확히 처단돼야 할 대상으로 존재했었다. 그래서 이들 괴수는 사회적으로 억압된 특정 집단 내 개개인이 아니라 그 집단 전체의 표상이거나 대중들을 폭압 하는 공권력으로 비쳤다. 그 과정에서 사회적 억압으로 인해 사소화되며 변모해 가는 각 개인의 면면은 어떠할까? 그리고 그들에게 있을 법한 사회적 억압을 향한 파괴적 욕망은 어떤 모습일까? 안타깝게도 기존의 한국형 괴수물에서는 이러한 각 개인의 욕망은 상대적으로 감추는 경향이 있었다. 그래서 그 어떤 장르보다 전복적이어야 할 장르가 아이러니하게도 가장 보수적인 장르로 남고 말았던 것이다.

그러한 흐름에 균열을 낸 것이 연상호의 〈부산행〉으로, 이 작품은 본격적인 한국형 좀비물로 평가된다. 좀비로 말할 것 같으면 조지 로메로의 〈살아 있는 시체들의 밤(Night of the Living Dead)〉(1968)을 빼놓을 수 없는데, 흔히 그가 만들어 낸 좀비는 말초적인 욕망만 남긴 채 모든 것을 상실한 인간의 모습으로 여겨진다. 그래서 이 영화를 보고 나면 인간성을 상실한 채 육체로만 존재한다면 과연 그것은 인간인가 괴물인가 하는 궁극적인 의문이 든다. 〈부산행〉이 바로 그 연장선에 있는데, 다른 점이 있다면 〈부산행〉의 좀비는 명암 구분에 민감하고 청각을 따라 미각이 촉진된다는 것이다. 그 모습은 어둡고도 거대한 시스템 속에 갇힌 채 무수한 말들 속에 파묻혀 자아를 상실하고 욕구마저 통제당하는 현대인과 닮아있다. 당장은 그렇게 억압받고 있으나 때가 되면 모두를 적으로 만드는, 인간의 육체를 뒤집어쓴 괴물이 될 수 있는 것이다.

〈부산행〉이 인간의 욕망과 그 파괴적 성향을 인간의 육체로 귀환한 좀비를 통해 보여주었다면, 넷플릭스 시리즈 〈스위트 홈〉과 〈경성 크리처〉는 그 반대편에 서 있다. 즉, 억압됐던 개인의 욕망이 폭발함으로써 스스로 괴물의 육체로 재탄생하며, 그 몸집은 각각의 욕망에 비례하여 파괴적인 힘을 발휘하는 것이다. 이 가운데 〈스위트 홈〉의 사인화된 괴물들은 인간성을 상실한 채 무차별적인 파괴를 일삼는 욕망의 결정체로 등장하기에 스릴러적 쾌감을 선사한다. 반면, 〈경성 크리처〉의 성심은 스토르게(Storge), 즉, 혈육의 정을 기억하는 인간적인 괴물로 변모하는데, 이것이 이 작품에서

OTT 시리즈 〈스위트 홈〉 포스터 ⓒ 넷플릭스

가장 핵심적인 신파적 요소로 작동한다는 점은 자못 놀랍다. 그것은 아마도 성심이 억압할 수밖에 없었던 욕망, 즉 딸을 만나고자 하는 그리움의 크기에 비례하는 것으로 보인다.

욕망의 사인화(私人化), 변모하는 한국형 괴수물

최근에는 욕망의 사인화와 같은 변화가 한국형 괴수물에서도 포착되고 있다. 여기서 괴수란 '괴이한 짐승'을 의미하며, 그것이 주로 등장하는 한국 영화가 바로 한국형 괴수물인 것이다. 대표적으로 〈대괴수 용가리〉(김기덕, 1967), 〈용가리〉(심형래, 1999), 〈괴물〉, 〈차우〉, 〈7광구〉, 〈물괴〉 등이 있고, OTT 시리즈 영화 〈스위트 홈〉과 〈경성 크리처〉

또한 이러한 괴수물에 속한다. 뿐만 아니라 인간성을 상실한 인간의 모습을 좀비로 표현한 영화 〈괴시〉(강범구, 1981), 〈부산행〉과 OTT 시리즈 〈킹덤〉(김성훈, 2019), 〈지금, 우리 학교는〉(이재규, 김남수, 2022) 등도 괴물로 변한 인간

봉준호 감독의 〈괴물〉 포스터 ⓒ 네이버 영화

을 그리고 있다는 점에서 괴수물로
볼 수 있겠다.

　이렇게 볼 때, 한국형 괴수물에
서 괴물들은 사회적으로 억압당하
며 사소화되는 개인이 아니라 한 사
회의 잘못된 공적 시스템 그 자체를
재현한 것이고, 작품 속 개별 캐릭
터들은 이야기 전반에 걸쳐 그것의
파괴와 전복을 시도한다. 즉, 공포
영화에서는 사회적으로 억압당한
인물들이 원귀로 귀환하여 가공할
파괴력으로 시스템의 전복을 시도
하는 반면, 봉준호 감독의 〈괴물〉
에서 보듯이 한국형 괴수물에서는
사회적으로 억압당하는 캐릭터들

장재현 감독의 〈파묘〉 포스터 ⓒ 네이버 영화

이 그들을 억압하는 괴물에 맞서며 시스템의 전복을 꿈꾸는 것이
다. 이 지점에서 한국 공포 영화에 주로 등장하는 원귀와 한국형
괴수물의 괴물이 차별화된다. 다시 말해서, 한국 공포 영화의 원
귀는 한 개인의 억압된 욕망이 귀환한 결과물(원귀=개인)이라면
한국형 괴수물의 괴물은 한 개인이나 사회를 억압하는 시스템 그
자체(괴물=시스템)라는 것이다.

　근래에는 장르의 혼합이 일반화되면서 한국형 원귀와 괴수가

동시에 등장하는 사례도 나타나고 있는데, 대표적인 예로 장재현 감독의 〈파묘〉(2024)가 있다. 이 영화에서는 재미교포 사업가로부터 거액의 비밀 작업을 의뢰받은 무속인 화림과 봉길이 지관 상덕과 장의사 영근과 함께 파묘 작업에 착수하면서 마주하게 되는 기이하고도 엄청난 사건을 다룬다. 쉽게 접근할 수 없는 무덤은 한 상류층 가족이 깊게 묻어 놓은 비밀로 작동하고, 그것을 파헤칠 때 모습을 드러내는 원귀는 상류층의 추악한 이면을 가감 없이 보여준다. 그 원귀는 인간의 모습을 하고 있으나 공공의 안녕을 꾀하는 공안형 귀신이 아니라 이기적인 욕망에 사로잡혀 사람들을 해치는 사인화된 욕망의 귀신인데, 그것은 신자유주의 사회에서 인간성을 상실한 채 살아가는 현대인을 나타내기에 충분했다. 거기에 더해 감독이 극의 후반부에 배치한 일본 장군 이야기는 이 땅의 상류층이 축적한 부와 명예의 역사적 배경을 보여주면서 그 불합리함을 더욱 강화한다. 이때 8척에 이르는 일본 장군의 엄청난 육체는 관객들에게 전달되는 공포감과 비례할 뿐만 아니라 뿌리부터 썩어 있는 공적 시스템의 비합리성을 더욱 도드라지게 한다.

맺음말

전통적 영화에서 디지털 영화로의 이동은 혁신적인 사건에 가까운데, 그것은 영화가 관객들의 육체와 소통하는 영화적 경험에도 직접적인 영향을 주었다. 극장 상영을 전제로 하여 전통 방식의 영화 제작 환경에서 탄생한 개별 영화들은 무성 영화 시대 시각 자극 중심의 작품에서 기술의 발전과 함께 차츰 청각이 가미되었고, 디지털 영화의 시대로 넘어오면서 4D는 4DX로 진화하여 관객들의 영화적 체험을 전 육체적 감각으로 끌어올리고 있다. 뿐만 아니라 영화적으로 재현되는 인간의 육체는 또 어떠한가? 한국형 괴수물을 통해서 엿볼 수 있듯이 과거의 괴수물은 공안적 괴물로 변모하는 육체를 담아냈다면 지금의 괴수물에서는 철저히 사적인 욕망으로 응결된 사인화된 괴물로 변모하는 육체를 담아내고 있다. 그런가 하면 〈파묘〉와 같은 작품에서는 사인화된 욕망의 귀신과 불합리한 공적 시스템으로서의 괴물을 동시에 등장시킴으로서 영화가 극장에서 관객들에게 선사하는 장르적 쾌감을 극대화하였다. 이처럼 동시대의 영화들은 관객들의 영화적 체험을 중시하며 작품 안에서 어떤 방식으로는 관객이라는 육체에 집중하면서 그들의 육체적 감각을 자극하고 있다.

이선균 배우 주연의 〈잠〉 포스터 ⓒ 네이버 영화

제1부 관객과 소통하는 육체

글을 나가며, 〈기생충〉(봉준호, 2019), 〈킬링 로맨스〉(이원석, 2023), 〈잠〉(유재선, 2023) 등 한국 영화를 아끼고 사랑하는 이들에게 2023년 12월 27일은 어떻게 기억될까 궁금하다. 아마도 누군가는 동시대를 살았던 한 명배우의 뛰어난 연기를 다시 볼 수 없다는 점에서 공허함마저 느낄 것이다. 그러면서 여전히 분노하고 있을지도 모른다, 언젠가부터 한 개인을 향한 공적 인격 살인이 적법한 수사라는 이름으로 당당해지기 시작한 것에 대해서. 게다가 거기에 동조하며 기득권에 편승하려는 일부 언론사들의 보도 행태를 보고 있노라면 일말의 윤리성도 찾아볼 수가 없다. 과연 한국 영화나 드라마 속의 괴물들은 현실에도 존재하고 있었던 것이다. 그래서 더욱 소름 끼친다. 한국형 괴수물에서 등장인물들이 괴물들의 가공할 파괴력에도 끝까지 맞서 싸우듯, 현실 세계에서도 이러한 괴물들의 등장과 끔찍한 그 괴물들과 함께하는 일상에 결코 익숙해져서는 안 될 것 같다.

3장
존재하지 않는 육체의 존재감

송영애

영화와 육체의 관계

영화와 육체의 관계는 매우 폭넓어서 다양한 접근을 통한 논의가 가능하다. 철학적, 역사적, 사회적, 윤리적 논의를 비롯해 정신분석학, 인지주의, 현상학적 접근을 통해서도 여러 개념을 적용할 수 있다. 육체의 의미를 넓게 규정하고 영화 자체를 '물리적으로 존재하는 몸체(body)'로 본다면, 영화의 물질성에 대해서도 논의할 수 있다. 예를 들어, 영화를 저장하는 필름, 비디오테이프, 메모리와 같은 저장 매체, 그리고 영화를 디스플레이(display)하는 스크린, 브라운관, 액정 등은 모두 영화를 가능하게 하는 '몸체'이자 '물질'로서 논의의 대상이 된다. 더 나아가 저장/통신 미디어라는 물질을 통해 재구성되는 환영(illusion)에 관한 논의 또한 가능하다.

육체의 의미를 '구체적인 물체로서 사람의 몸'[1]이라는 사전적 의미로 제한해도 여러 논의가 가능하다. 영화에는 다양한 인물의 몸이 다양한 시선으로, 다양한 형식을 통해 담기기 때문이다. 예를 들어, 국적, 세대, 성별로 다르게 규정되는 존재가 선택된 카메라 위치, 구도, 움직임, 조명, 편집, 효과음, 음악 등에 의해 영화적으로 표현된다. 몸의 정체성, 몸을 영화로 재현하는 방식과 그런 방식이 선택된 의도, 시선, 입장, 그리고 효과 등이 모두 논의될 수 있다.

한편 영화 밖에도 육체는 존재한다. 완성된 영화는 다양한 감상 공간에서 다양한 미디어를 통해 관객에게 제공된다. 관객은 자신을 숨기고 화면이라는 창을 통해 영화 안 인물을 바라본다. 여기서 관객에 대한 논의, 스타에 대한 논의 등도 가능하다. 이렇게 영화와 육체의 관계는 영화가 인물을 담는 제작 과정부터 관객 앞 상영 과정까지 매 순간에 자리한다.

이번 글에서는 영화적으로 재현된 육체의 구체적인 양상을 고찰하고자 한다. 영화 안 다양한 육체 중 '존재하지 않지만, 존재하는 육체'에 집중한다. 살펴볼 영화는 스파이크 존즈의 〈그녀(Her)〉(2014), 던칸 존스의 〈소스 코드(Source Code)〉(2011), 백종열 감독의 〈뷰티 인사이드〉(2015)이다. 〈그녀〉에는 목소리만 들을 수 있는 AI 운영체제 사만다가 나오고, 〈소스 코드〉에는

---

1 표준국어대사전, 고려대한국어대사전 참고.

〈그녀〉, 〈소스 코드〉, 〈뷰티 인사이드〉 포스터 ⓒ 네이버 영화

다른 이의 육체를 빌린 스티븐슨 대위가 나온다. 그리고 〈뷰티 인사이드〉에는 자고 나면 수많은 이의 모습으로 바뀌는 우진이 나온다.

사만다, 스티븐슨, 우진의 육체는 현실적이고 물리적인 차원에서, 통상적인 방식으로 존재하지 않는다. 이들은 '포스트휴먼', '포스트바디'로서, 이른바 '탈육체성'을 지닌 존재들이다. 그들의 존재하지 않지만, 존재하는 탈육체적인 육체는 영화 안에서 강력한 존재감을 드러내며, 동시에 여러 질문을 던진다. 존재의 조건으로 육체가 필요한가? 필요하다면, 반드시 물리적으로 존재해야 하는가? 여러 육체로 존재하는 것은 가능한가? 이처럼 세 영화가 제기하는 질문들과 더불어, 사만다, 스티븐슨, 우진의 육체가 영화에서 어떻게 강한 존재감을 획득하는지 궁금해진다.

<그녀>의 존재 방식, 육체가 필요한가?

〈그녀〉에서 테오도르가 사랑에 빠진 사만다에게는 인간으로서의 육체가 없다. AI 운영체제이기 때문이다. 스파이크 존즈 감독은 2000년 전작 〈존 말코비치 되기〉에서 맥신과 말코비치의 뇌로 들어간 로테를 사랑에 빠지게 하더니, 2014년 〈그녀〉에서는 테오도르와 AI 운영체제 사만다를 사랑에 빠뜨린다.

영화 시작부터 테오도르는 쉴 새 없이 혼자 말한다. 직장에서는 편지 대필 작가로서 음성 입력 기능을 이용해 편지를 쓰느라 모니터를 보며 말하고, 사적 일상에서도 혼잣말을 계속한다. 퇴근 전철 안에서는 "노래 틀어줘. 메일 확인해, 다음"등의 명령어를 중얼거리고, 집에서는 게임을 하며 끊임없이 명령하고, 답변

게임 캐릭터와 대화 중인 테오도르 ⓒ 네이버 영화

사만다와 이어폰을 통해 대화 중인 테오도르 ⓒ 네이버 영화

한다. 테오도르의 목소리 사이사이에는 질문하거나 답변하는 기계음 목소리가 들려온다.

그런데 새로운 목소리가 추가된다. 광고 문구에 따르면 '당신을 이해하고 귀 기울이며 알아줄 존재로서, 단순한 AI 운영체제가 아닌 인격체/의식체계(consciousness)'인 사만다의 목소리다. 테오도르는 운영체계 설치 과정에서 사교적이길 원하는지, 어머니와의 관계가 어떻길 원하는지 등등의 질문에 답하며 상대를 탄생시킨다. 그렇게 탄생한 그녀가 말을 건다. "안녕, 어떻게 지내? 만나서 반가워." 그리고 본인의 이름을 사만다라고 짓는다. 그들의 대화는 밤낮을 가리지 않고 이어진다.

제1부 관객과 소통하는 육체

사만다는 AI 운영체계답게 테오도르의 일을 돕기도 하고, 컴퓨터 파일, 이메일, 연락처를 순식간에 정리해 주기도 한다. 그리고 서로에 관해, 친구에 관한 고민 이야기도 나누면서, 점점 가까워지고, 사랑에 빠진다. 두 사람은 육체의 존재 여부와 상관없이 연인이 된다. 작은 디바이스와 무선 이어폰이면 24시간 함께 할 수 있고, 수시로 사랑을 고백할 수 있다. 테오도르는 혼자지만, 혼자가 아닌 것 같다. 언제나 사만다와 대화할 수 있으니 더욱 그렇다. 테오도르는 주변에도 사만다를 여자 친구로 소개한다. 지인 커플과 더블데이트를 즐기기도 한다.

그러나 육체의 부재로 인해 갈등이 발생한다. 놀랍게도 두 사람 가운데 육체를 갈망하는 건 테오도르가 아니라 사만다다. 사만다는 다른 이의 몸을 빌려 테오도르와 데이트를 시도하지만, 테오도르가 망친다. 이어폰을 통해 사만다의 목소리를 들으면서, 자신 앞에 있는 여성을 사만다라 여기는 게 쉽지 않다.

테오도르에게 사만다는 존재 방식이 좀 다를 뿐, 분명히 존재하는 자신의 여자 친구이다. 결국 사만다는 "몸이 없어서 걱정했는데 지금은 너무 좋아요. 육체가 있다면 못하는 성장을 하니까요. 제약 없이 어디든 아무 데나 동시에 갈 수 있고. 시간과 공간에 묶여 있지도 않아요. 몸에 갇혔다면 죽기도 할 텐데, 색다른 경험이 가능해요"라며 자신을 인정한다.

만약 영화 초반 AI 운영체제 설치 과정만 없었다면, 관객은 사만다를 전혀 다르게 이해할 수도 있다. 예를 들어 두 사람을, 온

라인을 통해 만난 관계로 볼 수도 있다. 테오도르는 사만다를 만나기 전에도 이미 만남 앱을 통해 여성과 음성 통화를 한 적이 있기도 하다. 그렇게 만나온 여러 사람 중 사만다를 만났다고 이해할 수도 있었다. 〈그녀〉는 초반에 사만다가 탄생하는 과정을 보여줌으로써, AI 운영체제로서의 정체성을 명확히 해 인간과 구분한다.

21세기를 살고 있는 현재, 우리는 직접 눈으로 확인하고, 들은 것만으로 세상을 이해하지 않는다. 실제로는 한 번도 만나지 않았지만, SNS 플랫폼을 통해 지속적인 소통을 하는 경우도 많다. 쌍방향 소통이 아닌 경우는 더 많다. 이미 비대면 관계에 익숙한 상황에서 인공지능까지 개입되면 훨씬 다양한 만남도 가능해진다. 물론 실존 혹은 진위를 구분하기는 힘들어질 것이다. 사만다도 마찬가지다. 인간인지 아닌지 구분하기는 어렵다.

〈그녀〉에서 테오도르와 사만다의 관계에 위기가 오는 건, 한쪽이 인간이 아니라서, 즉 육체가 없어서가 아니다. 테오도르가 받아들이지 못하는 건, AI인 사만다가 8,316명과 동시에 소통 중이고, 그중 641명이나 사랑한다는 사실이다. 사만다는 수많은 사람과 동시에 사랑을 속삭이는 것도 자신의 존재 방식이니 이해해 달라고 하지만, 테오도르는 절망한다. 육체가 부재한 사랑은 가능하지만, 독점이 아닌 사랑은 받아들이지 못한다.

영화적으로 사만다는 청각적으로 강력한 존재감을 확보한다. 관객은 그녀를 전혀 볼 수 없다. 사만다와 대화 중인 테오도르

사만다의 응답을 기다리는 테오도르 ⓒ 네이버 영화

만 볼 뿐이다. 사만다의 목소리를 들으며, 관객은 각자의 경험치를 활용하여 사만다의 표정이나 몸짓, 감정 등을 짐작한다. 영화에서 '사운드'의 역할은 강력하다. 공포영화에서 숨소리, 삐그덕 소리, 음악 소리 등이 빠지면 코미디영화가 될 수도 있다. 사만다 목소리 연기를 하는 배우가 스칼렛 요한슨이라는 걸 인지하는 순간, 사만다의 외모가 요한슨과 동기화되는 심리도 분명 작용한다. 그래서 듣기만 했는데, 본 것 같기도 하다. 실체를 보지 못해도 정서적으로는 느끼는 거다. 이 얼마나 강력한 존재감인가?

〈그녀〉는 인공지능과의 사랑을 통해 인간과 기술의 공존 방식 등까지 매우 폭넓은 질문을 던지는 가운데, 육체의 필요성에 대해서도 시선의 확대를 요구한다. 과연 육체 없는 사만다를 존재한다고 볼 수 있는가? 그녀의 감정은 진짜인가? 그녀에게 사랑

을 느끼는 테오도르의 감정을 가짜라 할 수 있는가? 영화 〈그녀〉
는 그들의 관계를 심판하지 않는다. 관객에게 당신이라면 그런
관계가 가능하겠냐고 물을 뿐이다.

<소스 코드>로 선택된 육체, 그가 그인가?

〈그녀〉에서 사만다는 육체 없이 존재하지만, 〈소스 코드〉에
서 스티븐슨은 다른 이의 육체를 통해 존재한다. 던칸 존스 감
독은 2009년 전작 〈더 문〉에서 복제인간 샘을 깨어나게 하더니,
2011년 〈소스 코드〉에서는 소스 코드라는 기술 체제를 통해 타
임 루프 속에서 스티븐슨을 깨운다.

반복되는 기차 폭발 속 스티븐슨(선)과 크리스티나 ⓒ 네이버 영화

제1부 관객과 소통하는 육체

영화 초반, 시카고를 향해 달리는 기차 안에서 스티븐슨 대위가 눈을 뜬다. 그런데, 앞에 앉아있는 여자가 자신을 션이라고 부른다. 스티븐슨은 차창에 비친 자신을 보고 더 놀란다. 모르는 이의 모습이기 때문이다. 지갑을 열어보니 션의 신분증도 보인다. '나는 누구일까?'라는 패닉에 빠지기도 잠시, 열차는 폭발한다.

잠시 후 스티븐슨은 어두운 캡슐에서 홀로 깨어난다. 헬기 조종사인 스티븐슨이 마지막으로 기억하는 것은 아프가니스탄 전장에서 추락하던 상황이기에 모든 게 혼란스럽다. 모니터 속 굿윈은 스티븐슨이 두 달 전 미국으로 이송됐고, 오전에 일어난 기차 폭발에 이어 범인이 예고한 6시간 후 추가 폭발을 막는 특수 임무를 수행하게 됐다고 설명한다. 소스 코드 기술을 통해 스티븐슨을 기차가 폭발하기 8분 전 상황으로 반복적으로 투입한다는 건데, 승객 중 그와 가장 유사한 션이라는 사람의 육체를 통해서란다. 군인으로서 스티븐슨은 임무를 받아들인다.

곧바로 다시 투입된 기차에서 8분 동안 폭탄의 위치를 파악하고 해체를 시도하지만 실패한다. 폭발과 재투입이 반복되고, 스티븐슨은 승객의 행동, 말 등을 관찰한다. 같은 장소, 인물, 사건이 반복 등장하지만, 스티븐슨의 고군분투에 따라 상세한 에피소드는 달라진다. 소스 코드 타임 루프 속에서 스티븐슨이 션의 육체로 활동하는 동안, 션의 의식은 사라지는 것처럼 보인다. 션의 기억이 남아있지도 않다. 션의 외모지만, 스티븐슨의 의지대로 생각하고, 말하고, 행동한다. 그렇게 폭발하기 8분 전 시카고행

캡슐 안에 혼자 있는 스티븐슨(좌), 기차 안에서 임무 수행 중인 스티븐슨(션)(우) ⓒ 네이버 영화

기차 안에서 범인을 잡는 임무를 수행한다.

위기는 스티븐슨이 현실에서 자신이 죽은 사람이라는 걸 알게 되면서 시작된다. 기차 안에서 검색한 기사에서 자신이 전사했다는 걸 알게 되고, 모든 건 더욱 의문투성이가 된다. 폭발 후 돌아와 굿윈에게 묻는다. "나 죽었나요?" 굿윈은 그의 뇌 일부만 살아있다고 답하며, 캡슐 안에 홀로 갇혀있는 스티븐슨의 모습은 그의 상상이라고 답한다. 스티븐슨은 다시 한번 혼돈에 빠진다.

영화의 마지막에서 스티븐슨은 굿윈에게 임무를 성공하게 되면, 자신의 뇌 기능을 꺼달라 청한다. 어차피 가족도 자신이 죽은 줄 아는 현실에서 완벽한 죽음을 원하는 것이다. 대신 소스 코드 속 8분 동안 기차 폭발을 막고, 션의 모습으로 살아가는 시도를 감행한다. 소스 코드라는 기술로 만들어진 8분이라는 틈새가 그저 일시적인 현상인지, 또 다른 평행 세계인지에 대한 깊이 있는 언급은 없지만, 그의 의식은 션의 육체를 통해 지속되는 걸로 영

제1부 관객과 소통하는 육체

화는 새로운 시작을 암시한다. 동시에 죽은 것과 다름없는 그의 몸은 죽음을 맞는다.

이 영화가 선을 영화적으로 표현한 방식은 흥미롭다. 〈소스 코드〉에서 스티븐슨은 대부분 스티븐슨의 모습으로 보인다. 내용상 스티븐슨은 기차 안 8분 동안에는 선의 육체를 통해 존재해야 한다. 그러나 완성된 영화 안에서 선과 스티븐슨 캐릭터는 모두 배우 제이크 질렌할이 연기한다. 영화 초반 차창과 화장실 거울에 비친 모습, 신분증 사진으로 선, 그러니까 배우 프레데릭 드 그랑프레의 모습이 잠시 나올 뿐, 이후에는 기차 안에서도 캡슐 안에서도 모두 배우 질렌할의 모습으로 등장한다.

이는 영화적 선택의 결과로 관객의 용인을 요구한다. 관객은 기차 안 스티븐슨의 모습을 보며, 원래는 선의 모습일 거라고, 기차 승객에겐 선의 모습으로 보일 거라고 상상해야 한다. 그래서 관객은 혼돈과 재미를 동시에 느낄 수 있다. 내용상 기차 안에서 스티븐슨의 의식과 육체는 실제로 분리되어 있지만, 영화적 표현에서는 이 둘이 일치하는 것처럼 보인다. 적어도 영화적으로 스티븐슨은 육체와 상관없이 스티븐슨이다.

〈그녀〉에서 사만다의 목소리가 배우 스칼릿 요한슨이라는 걸 알게 되는 순간 영화적 공간은 또 한 번 현실을 초월해 넓어지는 것처럼, 〈소스 코드〉에서 스티븐슨의 의식으로 점유된 선의 육체까지 배우 제이크 질렌할로 시각화되는 순간 현실과 비현실의 경계는 무너진다. 그렇게 육체는 영화적 선택을 통해 표현되며 작용한다. 과연 그는 여전히 그 자신일 수 있는가? 이 영화에서는 충분히 가능해 보인다.

<뷰티 인사이드>, 수많은 육체 속 단 한 사람

〈그녀〉에서 사만다가 육체 없이 존재하고, 〈소스 코드〉에서 스티븐슨이 션의 육체를 통해 존재한다면, 〈뷰티 인사이드〉에서 우진은 수많은 사람의 육체를 통해 존재한다. 18살 때부터 잠에서 깰 때마다 몸이 바뀌는 우진은 성별, 나이, 국적을 초월한 모습으로 매일 매일 고립된 채 가구 디자이너로서 살아간다. 우진의 상황을 아는 사람은 엄마와 친구 상백뿐이다. 그런 그가 이수라는 여자와 만나고 싶다. 과연 우진의 짝사랑은 성공할 수 있을까? 과연 그들이 사랑할 수 있을까?

가구 에이전트인 이수는 유능하고 따뜻하다. 우진의 가구 브랜드도 알고 있다. 우진은 이미 여러 사람의 모습으로 여러 차례 이수를 만났지만, 이수는 그 사실을 모른다. 소위 훈남 청년으로 깨어난 어느 날, 우진#60은 이수에게 식사를 청하고, 며칠 동안 잠을 안 자며 매일 매일 이수를 만나 가까워진다. 그러나 귀가하는 지하철에서 잠이 들고 만다.

우진은 이수와의 약속 장소에 나타나지 않는다. 일부러 숨지 않아도, 이수가 그를 알아보지 못한다. 이수 근처에 맴돌던 우진은 드디어 자신이 우진이라고 고백한다. 일 잘하는 인턴 채경(우

연애를 시작한 우진#60과 이수 ⓒ 네이버 영화

진#64)의 모습을 한 채 우진은 자신이 우진이라 말한다. 이수는 당황하지만, 채경이 들려주는 이야기와 보여주는 영상이 모두 그녀가 우진임을 증명한다. 그러나 이수는 믿을 수 없다. 며칠 후 이수가 우진의 집에 다시 찾아갔을 때, 일본 여성 모습(우진#74)으로 우진이 문을 연다. 우진의 집 안엔 남성용, 여성용, 성인용, 아동용 옷과 신발, 안경 등까지 가득하다. 이수는 우진의 말을 확인해 보고 싶어 하고, 다음 날 아침 새로운 우진과 마주한다. 그렇게 그들은 사랑을 시작한다.

　　연애 초반엔 매우 버라이어티한 데이트 장면들이 이어진다. 장소나 이벤트도 달라지지만, 우진도 달라지기 때문이다. 우진의 모습에 따라 때론 이성 연인으로, 동성 친구로, 엄마와 아들로 보이기도 한다. 처음엔 마냥 즐거워 보인다. 비록 외모는 달라졌지만, 우진임을 의심할 수 없다. 그는 모든 걸 기억하고, 그의 생각과 말과 행동은 모두 일관되게 유지된다.

위기는 우진이 결혼을 생각하기 시작하며 다가온다. 가족과 직장 동료에게 소개하지 못하는 남자 친구를 둔 이수는 점차 혼란을 느낀다. 속이려고 속이는 게 아니지만 속이는 셈이고, 설명하자니 막막하다. 직장에서는 이수가 여러 사람과 사귄다는 오해도 받는다. 게다가 약속 장소에서 수많은 사람 중 누가 우진인지 알아볼 수 없다는 사실에 이수는 절망한다. 결국 우진이 이수를 떠난다. 정신의학과 약까지 먹는 이수를 놓아준다.

관객은 이수보다는 덜 혼란스럽다. 우진을 표현하는 방식이 이수보다 관객에게 친절하기 때문이다. 관객은 영화 처음부터 끝까지 이수는 들을 수 없는 우진의 내레이션을 들을 수 있다. 게다가 내레이션의 목소리는 한 사람의 목소리다. 〈뷰티 인사이드〉에서 우진 역으로 캐스팅된 이는 모두 123명이고, 그중 배우는 21명이다. 그런데 내레이션 목소리는 배우 1명이 맡았다. 영화에서 마지막 우진으로 등장하는 배우 유연석의 목소리 덕분에 관객은 최소한 청각적으로는 한 사람인 우진을 느낄 수 있다.

관객은 오히려 신기한 구경을 하는 재미도 느낄 수 있다. 영화 처음에는 수많은 우진의 얼굴로 구성된 몽타주가 등장하고, 영화 마지막에는 순식간에 연속적으로 편집된 21명의 우진의 모습이 등장한다. 21명의 우진이 순식간에 이수에게 다가가 키스하고 서로를 바라본다. 다인 1역을 해낸 배우들과 그들을 상대한 이수를 연기한 배우 한효주의 극한 직업 체험기를 목격하는 것 같다.

일부 배우의 면면만 봐도 이 영화의 섭외력에 놀라게 된다. 우진#1 김대명, 우진#4 윤계상, 우진#33 배성우, 우진#43역 박신혜, 우진#45 이범수, 우진#60 박서준, 우진#61 김상호, 우진#64 천우희, 우진#74 우에노 주리, 우진#81 이현우, 우진#84 이진욱, 우진#92 서강준, 우진#100 이동욱, 우진#101 고아성, 우진#109 김주혁, 우진#122 조세프 마들레, 우진#123 유연석까지 모두 〈뷰티 인사이드〉의 우진이 거쳐 간 육체다.

결국 모두가 행복해진다. 우진과 이수도 다시 만나고, 우진의 엄마와 아빠도 다시 만난다. 이 영화에서 우진의 증상은 아버지에게 이어받은 일종의 유전병으로 그려지는데, 모두 극복해 가는 것 같다.

모든 사람에겐 다중적인 면이 있고, 때에 따라 상황에 따라 기분이나 생각, 말, 행동 등이 바뀔 수 있다. 상징적인 차원에서 마

재회한 우진#123과 이수 ⓒ 네이버 영화

냥 낯설기만 한 설정은 아니지만, 과연 우리가 상대의 변화를 어디까지 받아들일 수 있을지 궁금해진다. 과연 어디까지 그 사람으로 인정하고, 받아들일 수 있을까? 그 기준은 무엇일까? 영화 〈뷰티 인사이드〉에서는 적어도 '같은 육체'라는 기준은 중요하지 않다.

육체라는 공간은 어떻게 존재하는가?

〈그녀〉의 사만다, 〈소스 코드〉의 스티븐슨, 〈뷰티 인사이드〉의 우진에게는 소위 말하는 일반적인 육체가 없다. 탈육체적 모습인 AI 운영체제로서 존재하고, 소스 코드 시스템에서 타인의 육체를 통해 존재하며, 매일 달라지는 수많은 사람의 육체를 통해 존재한다. 그들에게 육체는 의식 혹은 영혼이 담기는 일종의 공간이지만, 물리적이지도, 가시적이지도, 일관적이지도 않다.

그들의 탈육체적 육체는 영화적으로 매우 강력한 존재감을 확보하며 재현된다. 그 과정에서 공상과학 영화와 판타지 영화의 관습과 더불어 사운드, 편집, 멀티 화면, 1인 2역 연기 등이 동원된다. 비록 일반적인 육체는 없지만, 영화에서 사만다, 스티븐슨, 우진은 분명 존재한다. 비록 현실적이지는 않지만, 세 영화에서 그들의 존재 여부는 의심받지 않는다. 비록 현실성은 떨어지지만, 그들의 의식 혹은 영혼이 분명 존재하는 것으로 그려진다.

영화에서 육체는 이미 현실과는 거리를 둔 지 오래다. VFX를 통해 시청각화된 인물, 로봇, 괴물 등 실존하지는 않지만, 완성된 영화에서만 존재하는 경우는 많다. 애니메이션 캐릭터도 모두 창조된 캐릭터이다. 관객은 이미 일반적이고, 현실적인 육체가 아닌 육체를 가진 이들에 익숙하다. 장 보드리야르의 주장처럼 현대는 '유사 현실(simulacra)'이 가득해 오히려 현실을 압도하는, '과잉 현실'(hyper-reality)'의 세상이기 때문이기도 하다. 이런 세상에서 명확한 경계나 한계, 구분은 무의미하다. 인간, 의식, 육체도 마찬가지다.

한편 〈그녀〉의 감독 스파이크 존즈의 2000년도 작품인 〈존 말코비치 되기〉에서 이미 육체에 대한 파격적인 시선을 보여줬다. 존 말코비치의 육체는 말 그대로 아날로그적인 공간으로 활용된다. 그의 육체가 필요한 사람들은 사무실 한쪽에 있는 문을 열고 걸어 들어간다. 그리고 시점 숏이 활용된다. 말코비치의 육체, 정확하게는 뇌 안으로 들어간 이들은 그의 눈을 통해 바깥세상을 보는데, 그 모습이 말코비치의 시점 숏, 동시에 그들의 시점 숏으로 표현된다. 관객은 시점 숏 덕에 시각적으로 동일시되는 체험을 하게 된다.

〈그녀〉, 〈소스 코드〉, 〈뷰티 인사이드〉에서 육체는 〈존 말코비치 되기〉에서처럼 동일시 경험을 제공하지는 않는다. 대신 사만다, 스티븐슨, 우진의 의식으로 채워지는 공간으로서, 존재하지만 존재하지 않는 육체의 존재감을 극대화한다. 보이든 보이지 않든, 그리고 하나이든 여럿이든, 그들은 매우 강력하게 그리고 당연하게 존재한다.

최근 개봉한 봉준호 감독의 〈미키17〉(2025)에는 같은 육체가 18개까지 등장한다. 복제와 소멸, 그리고 유지되는 기억과 정체성 속에서, 영화는 복제된 육체 안에서 계속 살아가는 존재를 그린다. 연인은 그 사실을 알고도 18명의 미키를, 그때그때 조금씩 다르지만 여전히 같은 미키로 사랑한다. 그리고 의도치 않게 공존하게 된 미키17과 미키18은, 서로가 같지만 다른 사람임을 받아들인다. 물론 그를 소모품처럼 대하거나, 쓰레기로 취급하는 이들도 있다. 새로운 방식의 몸, 그리고 그 몸에 대한 다양한 인식까지, 이 모든 것이 영화 안에서 동시에 발생한다.

앞으로도 영화 안 육체는, 영화를 통해 무궁무진하게 상상되고 재현되며, 세상의 변화와 더불어 더 다채로워질 것으로 예상한다. 존재하지 않지만 존재하는 것으로 영화적으로 재현되는 탈육체적 육체의 가능성은 계속해서 확장되고 있으며, 관객은 그 재현 속에서 어디까지 감각하고, 무엇을 진짜 존재로 받아들일지 스스로 선택하게 될 것이다.

사실 어느새 생성형 AI도 우리 곁에 가까이 와 있다. 영화 속에서 상상되던 육체 없는 존재와의 감정적 연결도, 더 이상 먼 미래의 이야기가 아니다. 영화는 이제 가능성을 상상하는 매체가 아니라, 이미 도착해버린 미래를 살펴보는 일이 되고 있다. 영화에서, 육체라는 공간은 과연 어떻게 존재할 수 있을까. 상상을 뛰어넘을 그 변화를 기대한다.

제2부
기계와 결합하는 육체

4장
플라톤의 그림자: SF 시대 정신과 육체의 이분법

김현승

'인간' 승리

2024년 극장가는 〈듄: 파트 2(Dune: Part Two)〉(드니 빌뇌브, 2024) 열풍이었다. 티모시 샬라메를 앞세운 초호화 출연진과 거장 감독의 역량도 분명 중요하겠지만, 〈듄〉 시리즈의 흥행에서 가장 큰 지분을 차지한 것은 장대한 세계관을 실감 나게 구현해 낸 컴퓨터 그래픽의 힘이다. 컴퓨터 그래픽은 이전까지 감히 엄두도 내지 못했던 스케일의 영화를 현실로 만들어냈고, 이 새로운 기술의 최대 수혜자는 다름 아닌 SF 장르다.

〈터미네이터 2(Terminator 2: Judgment Day)〉(제임스 카메론, 1991), 〈쥬라기 공원(Jurassic Park)〉(스티븐 스필버그, 1993), 〈매트릭스 시리즈(The Matrix)〉(워쇼스키스 자매, 1999~2021), 〈에이 아이(A.I. Artificial Intelligence)〉(스티븐 스필버그, 2001)까지. 화려한 시각효과로 중무장한 SF 걸작들은 관객의 시선을

유전자 조작을 거치지 않고 태어난 빈센트 ⓒ IMDb

사로잡았다. 〈달세계 여행(A Trip to the Moon)〉(조르주 멜리에스, 1902)이 뿌린 씨앗이 세기를 넘어 새로운 기술과 만나 비로소 꽃을 피운 것이다.

수많은 SF 작품 중에서 먼저 살펴볼 작품은 〈가타카(Gattaca)〉(앤드루 니콜, 1997)와 마이클 베이 감독의 〈아일랜드(The Island)〉(2005)다. 두 작품은 개봉 당시 상업적 성공을 거두지 못했지만, 시간이 지나 재평가되며 대중에게 널리 알려진 SF 장르물로 자리 잡았다. 특히 〈아일랜드〉는 시각적 즐거움에 치중하는 감독 특유의 한계를 드러내며 호불호가 극명하게 갈렸지만, 복제인간을 둘러싼 윤리적 질문을 어렵지 않게 제기했다는 점에서 높이 평가할 만하다.

〈가타카〉의 주인공 빈센트는 자연의 섭리에 따라 태어난 평범한 인간이다. 반면 동생 안톤은 유전자 선택을 통해 열성인자를 모두 제거하고 '완벽한' 존재로 태어난다. 빈센트는 우주 비행사를 꿈꾸지만, 질병에 취약한 신체 때문에 우주 탐사 회사의 청소부로 일하게 된다. 이후의 이야기는 주인공이 자신의 유전적 한계를 극복해 나가는 과정으로 요약할 수 있다.

여기서 핵심은 그가 불굴의 의지를 지닌 '인간 대표'로 묘사된다는 점이다. "나는 되돌아갈 힘을 남겨두지 않아서 너를 이긴 거야." 유전자 조작을 거치지 않은 자연 상태의 인간이 우성 유전자를 가진 신인류와의 경쟁에서 승리한다. 결말이 자아내는 뜨거운

자유를 찾아 나선 〈아일랜드〉 속 두 복제인간 ⓒ IMDb

감동은 마치 과학이 결코 정복할 수 없는 인간 본연의 가치를 발견한 듯한 인상을 남긴다.

〈아일랜드〉는 유토피아에서 살아가던 주인공이 진실을 깨닫고 격리 시설에서 탈출하는 과정을 그린다. 링컨 6-에코를 비롯한 주변 사람들은 모두 장기를 제공할 목적으로 생산된 복제인간이다. 〈가타카〉와 달리 〈아일랜드〉는 인간에 대항하는 복제인간의 해방기를 다루지만, 두 영화가 자아내는 뜨거움은 분명 닮아있다. 복사본에 불과하더라도 주인공은 고유한 인격체로서 삶을 살아간다. 맨몸으로 최첨단 무기와 겨뤄 승리하는 그의 모습은 과학만능주의에 맞서는 인간 육체의 순수한 힘을 되새기게 만든다.

AI 중심의 4차 산업혁명은 이제 막 서막을 올렸다. 하지만 우리는 이미 그다음 시대를 예고하는 징후들을 곳곳에서 목격하고 있다. SF 장르는 오랜 시간 픽션의 영역에서 미래 사회를 실험했고, 이제 그 상상이 현실로 스며들 준비를 마쳤다. 차세대 혁명이 4차 산업혁명의 기술 발전을 바탕으로 인간과 기술의 조화(혹은 결합)를 추구한다면, 〈가타카〉와 〈아일랜드〉는 이 변화의 방향성을 미리 가늠하려는 시도로 바라볼 수 있다.

그런데 두 작품은 모두 순수한 인간의 몸이 지닌 가능성과 가치를 과대해석하는 경향을 보인다. 〈가타카〉와 〈아일랜드〉는 기술 발전과 인간의 본성(자연 상태의 몸)을 대립시키는 구조를 취하고 있지만, 그 결말은 결국 인간의 신체적 한계를 초월하는 정신과 의지의 승리를 강조한다. 그러나 이러한 휴머니즘적 메시지는 때로 과학적 가능성과 현실을 지나치게 단순화하는 경향이 있다. 어느새 눈앞까지 찾아온 파국에 가만히 앉아 '인간' 승리를 바라기엔 우리는 이미 스스로의 유약함을 너무나도 잘 알고 있다.

트랜스 휴먼

SF 시대에 인간은 기계와 결합하며 자신의 신체적 제약을 극복해 나간다. 기계 장치가 주인공에게 초인간적인 힘을 부여하는 서사는 더 이상 관객에게 낯설지 않다. 망가진 심장을 인공동력기 '아크 원자로'로 대체한 〈아이언맨(Iron Man)〉(존 패브로, 2008)의 토니 스타크가 대표적인 예다. 주인공이 거대자본을 보유한 아이언맨처럼 특별한 인물일 필요도 없다. 기술 발전이 가속화되며 점점 더 많은 사람의 일상에 최첨단 테크가 스며들고 있다. 2019년과 2022년에 방영된 두 TV 시리즈는 스스로 몸을 변형하는 인간의 모습을 섬세하게 그려냈다. 넷플릭스 오리지널 〈사이버펑크: 엣지러너(Cyberpunk: Edgerunners)〉(이마이시 히로유키, 2022)와 HBO 채널의 〈이어즈&이어즈(Years & Years)〉(사이먼 셀란 존스, 2019)이다.

〈사이버펑크: 엣지러너〉는 디스토피아 세계에서 고군분투하는 주인공의 모습을 그린 전형적인 '사이버펑크' 장르물이다. 시대상에 대한 진지한 고찰보다 장르적 개성이 돋보이는 이 작품에서 주목할 만한 요소는 '임플란트'라는 신체 변형이다. 치과 임

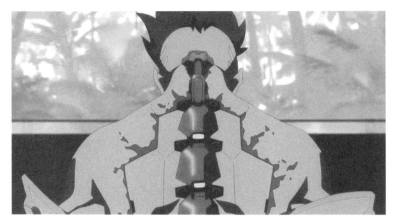
임플란트를 이식한 데이비드 ⓒ IMDb

플란트가 생니를 인공적으로 대체하듯, 사이버펑크 세계관에서는 인간의 모든 신체 부위가 다양한 종류의 임플란트로 대체된다. 임플란트는 일상용으로 상용화되어 누구나 하나씩은 사용하고 있을 정도다. 그러나 신체 변형이 과도하게 이루어질수록 '인간성'을 상실하는 부작용이 뒤따른다. 기계의 흉폭함에 잠식되어 인간성을 잃은 인간은 극단적인 폭력성만을 지닌 괴물, '사이버사이코'로 변하고 만다.

〈러브, 데스 + 로봇(Love, Death & Robots)〉(팀 밀러, 2019) 시리즈를 비롯해 미래 세대의 신체 변형과 안드로이드는 넷플릭스의 단골 소재로 자리 잡았다. 〈사이버펑크: 엣지러너〉 역시 신체 개조가 성행하는 시대를 그린다. 등장인물들은 임플란트가 정신에 치명적인 영향을 미칠 수 있다는 사실을 알면서도 기꺼이 불법 시술을 감행한다. 이들이 정신력의 한계치를 끊임없이 시험하는 이유는 무슨 일이 있어도 쓰러지지 않는 강력한 신체와 전투 능력을 얻기 위해서다. 그러나 주인공의 '인간성'은 목표를 달성하는 과정에서 불가피하게 희생되고 만다.

반면 〈이어즈&이어즈〉에서 신체 개조는 인간적인 가치와 합일을 이룬다. 각 캐릭터의 개성이 돋보이는 이 드라마에서 라이언스 가족의 딸 베서니의 존재감은 가히 독보적이다. 혐오와 포퓰리즘이 만연한 2020년대 말, 세계 경제가 뒤흔들리고 인류는 서서히 공멸을 향한다. 혼란스러운 정국 속에서 베서니는 정부가 주관하는 인체 실험에 지원해 몸에 기계 장치를 이식한다. 이로써 그녀는 언제 어디서든 인터넷 네트워크에 접속할 수 있는 유비쿼터스(ubiquitous)한 몸을 갖게 된다. 시술에 만족한 그녀의 다음 목표는 육체는 물론 정신까지 온전히 데이터로 전환되는

라이언스 가족의 딸 베서니 ⓒ IMDb

'트랜스 휴먼'으로 거듭나는 것이다.

〈이어즈&이어즈〉가 새롭게 등장한 과학 혁명을 바라보는 관점은 독특하다. 극의 초반에는 불법 신체 개조가 성행하며, 그로 인해 신체를 훼손당한 피해자들이 여럿 등장한다. 그러나 이야기는 베서니가 자기 능력을 활용해 난민 수용소에서 벌어지는 참사를 전 세계로 보도하는 장면으로 막을 내린다. 기술의 가치와 윤리는 전적으로 사용자에 달려 있다는 가치중립적 입장을 엿볼 수 있다.

플라톤의 그림자

SF 장르에서 반복되는 신체 변형과 개조 모티브는 물리주의를 연상시킨다. 몸의 모든 요소가 기계 부품으로 대체될 수 있다

복제인간을 뒤쫓는 〈블레이드 러너〉의 데커드 형사 ⓒ 네이버 영화

면, 과연 '나'의 본질은 무엇인가? '테세우스의 배'와 같은 이 질문에 가장 손쉬운 답변은 영혼, 프시케(psyche)일 것이다. 프시케의 핵심은 그것이 결코 물질로 환원할 수 없는 정신적 실체라는 데 있다. 그러나 21세기의 물리주의는 새로운 과학적 발견을 바탕으로 훨씬 더 혹독한 가설을 제시한다. 이제 인간의 모든 요소는 화학적 물질로 환원될 수 있으며, 감정은 물론 생각, 경험, 의식까지도 신경 처리 과정의 산물로 전락한다. 그렇다면 인간은 더 이상 자신의 주체성에 특별한 지위를 부여할 수 없다.[1] 영원히 함락되지 않을 것만 같던 정신의 영역마저 과학의 침입을 받게 된 것이다. 영화 속 주인공들은 이제 능숙하게 기억 데이터를 옮기고 심지어 조작하는 단계에 이르렀다.

대중 매체에서 신체 개조는 흔히 자연적 인간의 한계를 극복하기 위한 수단으로 묘사된다. 이에 반해 정신적 요소, 특히 기억에 관련된 변형은 인물의 정체성과 직결되는 경우가 대부분이다. 영화도 예외는 아니다. 〈블레이드 러너(Blade Runner)〉(리들리 스콧, 1982)에서 인간과 복제인간을 구별하는 결정적 근거는 기억이다. 수명 외에 모든 것이 원본과 똑같은 '레플리컨트'는 파편화된 기억만을 지니기 때문이다. 〈토탈 리콜(Total Recall)〉(파울 페르후번, 1990)에서 주인공 퀘이드는 두 개의 기억이 뒤섞이며 정체성에 혼란을 겪는다.

---

[1] 스티븐 샤비로, (안호성), 『탈인지』, 갈무리, 2022, p.149

진실을 찾아 화성으로 떠나는 〈토탈 리콜〉의 퀘이드 ⓒ 네이버 영화

　SF 장르 속 인물들은 정신과 신체의 변형을 동시에 겪지만, 영화가 각 단계를 바라보는 관점은 명확히 구분된다. 신체가 개조되더라도 인간은 여전히 자기 정체성을 유지하며 살아간다. 심지어 〈사이버펑크: 엣지러너〉처럼 기계와의 물리적 결합은 자아실현의 수단으로 여겨지기도 한다. 개조에 대한 두려움은 오직 그것이 '인간성', 즉 고유한 정신적 속성에 해를 끼칠 때만 나타난다.

　이를 통해 SF 시대의 육체도 여전히 고대 그리스에서 기원한 이분법의 영향 아래 있다는 것을 알 수 있다. 신체가 대체 가능한 것으로 전환되면서, 기억과 같은 정신적인 요소가 점차 중요한 역할을 맡게 되었다. 새로운 물리주의가 등장하고 기억이 옮길 수 있는 데이터가 되었을 때도, 정신적인 요소는 여전히 인간의 정체성과 결합하며 '본질'로서의 자리를 지킨다.

이는 단지 신체 변형이 기억을 옮기는 프로세스에 비해 훨씬 익숙한 것이기 때문일 수도 있다. 우리는 이미 의료 목적은 물론, 미적 만족을 위한 성형 등 다양한 형태의 신체 변형을 경험하고 있지만, 그로 인해 정체성에 혼동을 겪는 사례는 극히 드물다. 하지만 SF 장르에서 육체의 지위가 정신에 비해 점차 격하되고 있다는 사실은 분명하다.

정신과 육체를 가르는 이분법의 연장선에 신약과 관련된 영화들이 있다. 〈루시(Lucy)〉(뤼크 베송, 2014), 〈마녀〉(박훈정, 2018), 〈리미트리스(Limitless)〉(닐 버거, 2011)가 그 대표적인 예다. 이들 영화의 공통된 발상은 "인간은 평생 뇌의 10%도 사용하지 못한다"는 견해에서 출발한다. 비록 학계에서는 인간은 이미 뇌를 100% 사용한다고 주장하지만, 과학적 사실의 참 거짓 여부는 우리의 주요한 관심사가 아니다. 핵심은 신약이라는 과학기술의 효과가 어떻게 스크린에 구현되는지에 있다.

〈루시〉에서 마약 운반에 연루된 주인공 루시가 우연히 뇌 활성화를 돕는 신약 'C.P.H.4'를 흡수하게 된다. 이때 영화가 활성화된 뇌를 그리는 방식은 지나칠 정도로 단순하다. 총으로 무장한 범죄조직 일당을 무자비하게 쳐부수는 것뿐이다. 〈마녀〉에서도 유사한 장면들이 반복된다. 신약을 통해 뇌를 개조당한 자윤은 압도적인 무력으로 자신을 위협하는 세력을 제압한다. 핏빛

뇌를 활성화하여 새로운 능력을 얻게 된 루시 ⓒ 네이버 영화

살육 속에 주인공이 겪는 정체성 혼란 따위는 없다. 오히려 자윤이 처음부터 '마녀'였다는 사실이 영화의 중요한 반전으로 밝혀진다.

뇌는 정신 작용이 일어나는 신체 부위로, 데카르트를 비롯한 심리철학자들에게 꾸준히 탐구의 대상이 되어왔다. 그러나 〈루시〉와 〈마녀〉는 향상된 뇌의 역할을 격투 장면 중심으로 그려내는 데 그친다. 〈리미트리스〉는 위 영화들과 달리 액션을 과시하지 않고 빠른 속도로 일을 처리해 나가는 작가 에디 모라의 이야기를 그린다. 하지만 〈리미트리스〉도 결국 다른 두 영화와 마찬가지로 신체 능력 향상에 초점을 맞추고 있음을 알 수 있다.

신약을 복용한 세 주인공 중 정체성 변화를 겪는 인물은 영화가 끝날 무렵의 루시뿐이다. 〈루시〉는 후반부에 액션 영화의 외피를 벗고 SF 장르로 복귀하려 시도한다. 이미 서사의 균형이 완전히 무너진 터라 다소 갑작스럽게 느껴질 수 있지만, 관객은 주인공이 새로운 정체성을 획득하는 순간을 목격하게 된다. 요란한

총소리가 그치고, 인간이 감당할 수 없는 양의 정보가 뇌에 밀려들어오면서 루시는 비로소 신적 존재로 재탄생한다. 다시 말해, 영화가 육체의 영역에 머무를 때 세 명의 주인공 중 누구도 정체성 변화를 겪지 않았다. 결국 여러 영화에서 반복되는 뇌 활성화 모티브는 신체 변형의 일종으로 취급되며, 주인공의 자아실현을 위한 수단에 그치고 만다.

등장인물이 정체성 혼란을 겪기 위해선 정신적인 영역의 변형이 선행되어야 한다. 오시이 마모루의 영화 〈공각기동대(Ghost in the Shell)〉(1995)가 대표적인 사례이다. 주인공 쿠사나기 소령은 정신과 육체를 모두 개조한 뒤 정체성 혼란을 경험한다. 다른 영화들과의 차이점은, 그녀가 겪는 혼란이 외적인 원인과 결합되어 있다는 점이다. 바로 인공지능 프로젝트 2501이다.

전뇌와 의체로 인해 정체성 혼란을 겪는 쿠사나기 소령 ⓒ IMDb

〈공각기동대〉는 개봉 이후 긴 세월이 흐른 지금까지도 여전히 유효한 철학적 화두를 던졌고, 그 중심에는 프로젝트 2501이라는 독창적인 캐릭터가 있다. 프로젝트 2501은 처음엔 단순한 의체(기계 몸)에 불과했지만, 우연히 자아를 갖게 되면서 자신이 정보의 바다에서 태어난 독립적인 생명체임을 선언한다. 개발자들은 그가 단순히 자기보존을 위한 프로그램에 불과하다고 주장하지만, 프로젝트 2501은 인간의 DNA 또한 같은 원리로 작동하는 개체일 뿐이라며 반박한다. 그는 유기체의 생식과 마찬가지로 다른 프로그램과 결합하면서 기계 생명을 연장한다. 이때 프로젝트 2501이 '복제'가 아닌 '결합'을 선택한 이유는 진화론적 관점에서 다양성을 창출하기 위함이다.

〈2001 스페이스 오디세이(2001: A Space Odyssey)〉(스탠리 큐브릭, 1968)의 HAL 9000이 인간을 공격하는 기계의 선구적인 모델을 제시했다면, 〈공각기동대〉의 프로젝트 2501은 생명체(인간)와 기계의 구분이 극단적으로 불분명해진 구도를 그린다. 인간과 기계의 경계가 모호해짐에 따라 인류는 실존적인 위기에 직면하게 된다. 지각 능력과 운동신경을 향상하기 위해 기계 부품과 결합한 쿠사나기 소령은 끊임없이 자신의 정체성을 의심한다. "혹시 나는 이미 예전에 죽었고, 지금의 나는 전뇌와 의체로 구성된 모의 인격이 아닐까? 어쩌면 애초에 나라는 존재가 존재하지 않았을지도 모른다."

이와 유사한 질문은 영화 속 사이보그의 대사에서도 반복된다. 한 인물은 자신의 삶 전체가 주입된 기억이라는 사실을 깨닫고 상실감을 느끼기도 한다. 결국 주인공은 인간으로서 정체성을 포기하고 프로젝트 2501과 결합을 결심하게 된다. 정신을 육체보다 고귀한 가치로 상정하는 다른 작품들과 달리, 〈공각기동대〉속 인간은 더욱 총체적인 혼란과 마주하게 되는 것이다.

파국!

SF 장르는 인간과 기계의 결합이 성행하는 시대를 비관적으로 묘사하는 경향이 있다. 역경 속에서 빛을 발하는 '인간적인 가치'를 부각하기 위해 기계에 의존하는 인간상은 대체로 부정적으로 그려진다. 이는 아마도 도태되지 않기 위해 자신의 의지와 무관하게 몸을 변형하는 사람들이 많기 때문일 것이다. 그렇다면 신체 변형에 대한 본능적인 거부감은 어디에서 기인하는 것일까?

우선 인간이 기계 장치 자체에 본능적으로 거부감을 느낀다는 점을 들 수 있다. 인간에 의해 창조된 인공물인데도 기계의 작동 원리는 인간의 인식 범위를 아득히 넘어선다. 이는 하룬 파로키가 명명한 '가동적 이미지'[2] 개념을 통해 살펴볼 수 있다. 파로키는 기계가 스스로 생산하는 '가동적 이미지'가 인간에게 결코

---

2 하룬 파로키, 「Phantom Images」, 《Public》, 04.01.01. https://public.journals.yorku.ca/index.php/public/article/view/30354

인간 멸족을 위해 과거로 돌아온 T-800 ⓒ 네이버 영화

친절하지 않다고 주장했다. 기계의 관점에서 인간의 육안은 명확한 한계를 지닌 시지각 기관에 불과하며, 인간은 0과 1의 장막으로 은폐된 디지털 자동화 프로세스에 두려움을 느낀다. 이 막연한 공포는 대중 매체에서 〈터미네이터〉 시리즈를 비롯한 기계 악당의 침공으로 형상화된다.

기계에 대한 막연한 거부감만큼이나 SF 장르가 디스토피아를 상상하는 또 다른 원인은 시스템을 악용하는 권력에 대한 두려움이다. 〈매트릭스〉의 네오는 매트릭스 프로그램을 악용해 인간을 양분 삼는 AI 집단에 맞서 싸운다. 드러난 세계의 배후에 악의 세력이 감춰져 있다는 설정은 전혀 새로운 발상이 아니다. 데카르트도 연역법의 한 단계로 인간의 모든 감각을 조정하는 악마적 존재를 상정한 바 있다. SF 디스토피아는 좀 더 현실적인 맥락에서 인간의 신체 변형을 규제하고 강요하는 사회의 지도자를 악당으로 구체화한다. 거대자본과 권력을 손에 쥔 이들은 피지배계급에게 "언젠가 나의 모든 것을 점령당할 수 있다"는 공포를 자아낸다.

유발 하라리는 다가오는 어두운 미래에 대해 가장 앞장서서 대안을 촉구하는 작가 중 한 명이다. "생명공학의 발달로 경제적 계급의 차이를 생물학적으로 설명하는 것이 가능한 시대가 올 수도 있습니다. 우리가 조심하지 않으면 역사상 인간이 창조한 사회 중 가장 불평등한 사회가 창조될 수 있습니다."[3] 또한 그는 말한다. "영화에서 얘기하는 로봇 반란에 대한 두려움은 전혀 근거가 없거나 아직은 때가 아니에요. 인간의 역할을 대신하는 인공지능이 의식을 가질 필요는 없으니까요. 문제는 그런 차원이 아니라, 소수 엘리트가 인공지능 힘을 지배해 나머지 대다수 인류의 힘을 빼앗을 수 있다는 거예요."[4]

안타깝게도 유발 하라리는 인류의 미래를 위해 '명상'이라는 해결책을 제시하는 데 그친다. "행복은 내부에서 시작된다"[5]는 허울뿐인 말은 육체를 지배당한 인간에게 아무런 현실적인 도움

---

3 송현경 기자, 「AI와 생명공학, 불평등사회 만들 수도」, 《내일신문》, 17.07.14. https://www.naeil.com/news/read/244217

4 김고금평 기자, 「유발 하라리의 예견, "로봇반란은 무지에 기인, 더 큰 문제는…"」, 《머니투데이》, 17.07.13. https://news.mt.co.kr/mtview.php?no=2017071315291354383&type=1

5 유발 하라리, (조현욱), 『사피엔스』, 김영사, 2015, p.559

도 주지 못한다. 과학이 결코 지배할 수 없는 인간적인 가치를 찾아 헤매던 그에게 종교적인 가르침은 패착에 가까운 선택이다. 인간은 이대로 본연적인 가치를 잃고 마는 것일까?

환원될 수 없는

육체에 이어 정신의 영역마저 과학 기술에 함락되고 말았다. SF 시대의 인간은 자신의 모든 것을 앗아가려는 테크놀로지에 서서히 잠식되어 간다. 정신마저 새 시대의 기계에 침범당했다면, 정신을 육체보다 상위의 가치로 상정하는 플라톤적 이분법을 유지할 필요가 있을까? 정신의 예속으로부터 해방된다면, 이제껏 등한시되었던 육체에서 인간의 주체성을 위한 새로운 가능성을 발견할 수 있을지도 모른다. 인간은 삶 속에서 몸을 통해 세계와 접촉한다. 그렇다면 각각의 경험엔 물질이나 숫자로 환원되지 않는 현상의 영역이 존재한다. 심리철학의 메리 사고 실험[6]과 박쥐 논변이 제시하는 '감각질'은 세계 속에 현존하는 몸을 바라보기 위한 유용한 개념이다.

유능한 신경 과학자 메리는 물리적인 세계에 관해 알아야 할 모든 것과 우리의 뇌가 어떻게 세계를 지각하고 해석하는지 알아야 할 모든

---

6 스티븐 샤비로, (안호성), 『탈인지』, 갈무리, 2022, p.31-32

것을 알고 있다. 특히 메리는 색깔과 색시각에 관해 알아야 할 모든 것을 알고 있다. 빛의 물리에서 시작하여, 인간과 다른 유기체의 눈과 신경계, 뇌가 특정한 색을 재인지하고 구별하는 방식, 색시각의 진화론적 기원, 색깔 포착이 우리의 마음에서 맡는 기능, 그리고 어떤 색깔을 보는 것에 의해 우리 기분이 영향을 받는 방식까지 모든 것을 알고 있다. 요컨대 메리는 색깔에 관한 모든 '물리적 정보'를 알고 있다.

하지만 메리는 어떤 색깔도 스스로 지각해 본 적이 없다. 메리는 검은색과 하얀색으로 이루어진 방 안에서 그녀의 일생을 보냈다. 그녀는 하늘이 파랗고, 장미가 붉다는 것을 안다. 그러나 메리는 단 한 번도 그것들을 실제로 보지 못했다. 그저 그것들에 관해 읽어보았을 뿐이며, 흑백으로 된 사진과 영상을 보았을 뿐이다. 그렇다면 그녀가 처음으로 한 송이의 붉은 장미를 본다면, 도대체 무슨 일이 일어날 것인가? 빨강에 대한 현상적인 경험은 그녀에게 어떤 의미를 갖는가?

물리적 정보와 구분되는 실제 경험이 일으키는 느낌, 즉 감각질은 감각을 통해 느껴지는 것, '느낀다'는 그 자체를 의미한다. 예를 들어, 빨간색에서 느껴지는 감각질은 '빨강'이라는 색에 대한 물리적 정보와 다르다. 빨간색에 대해 아무리 많은 정보를 알고 있다고 해도, 그것이 실제로 빨간색을 경험하는 것과 동일하다고 할 수 없다. 후자는 지식을 넘어선 현상적 경험에 속한다. 여기서 이 현상적 경험이 정신적인 작용보단 '온몸'으로 느끼는 생의 충만함이라는 사실이 무엇보다 중요하다.

또다시 목숨을 내건 톰 크루즈의 곡예 ⓒ 네이버 영화

　이 현상적 경험은 어떠한 본질적인 의미도 갖지 않는다. 이 경험 자체에는 철학적인 설명이 놓친 차원이 있다. 그것을 놓칠 수밖에 없는 이유는 그 차원이 철학을 통해 개념화될 수 없기 때문이다.[7] "물리주의에서 지향적 현상들(믿음, 욕구 등)과 달리 감각질만은 환원에 저항한다"[8]는 사실은 예술의 영역에서 전혀 새로운 가능성을 제시한다. 스티븐 샤비로는 마치 "인지에 아무런 기여도 하지 않는" 칸트의 미적 경험처럼 감각질의 영역이야말로 진정한 미적 차원이 될 수 있다고 주장한다.

　맨몸으로 높은 건물을 등반하는 톰 크루즈의 모습은 보는 이로 하여금 손에 땀을 쥐게 만든다. 스크린 위에는 관객이 아찔함을 미처 느끼기 전부터 그들을 향해 쇄도하는 한 남자의 이미지가 있다. 언어로 변환되는 것조차 거부한 채 터져 나오는 이미지

7　스티븐 샤비로, (안호성), 『탈인지』, 갈무리, 2022, p.49-51

8　김재권, 『물리주의』, 아카넷, 2007, p.268

는 정신 작용을 넘어서는 생의 충만함을 간직한다. 몸짓이 처음으로 관객에 닿는 순간, 그곳에 본질적인 의미는 없다. 그러나 육체와 세계의 접촉은 끊임없이 이어지는 삶의 한 부분을 구성한다. 이것이 우리가 노장의 움직임 하나하나에 열광하고, 바쁜 일상 속에서도 시간을 내어 영화관을 찾는 이유일지도 모른다. SF 디스토피아는 주도권을 잃고 무너져 내리는 인간상을 예고한다. 다가오는 비극을 해결할 열쇠는 영화를 보는 행위 자체에 숨겨져 있다. 영화라니, 이 얼마나 근사한 육체의 현상학인가!

참고문헌 ···

- 저서

김재권,『물리주의』, 아카넷, 2007
스티븐 샤비로, (안호성),『탈인지』, 갈무리, 2022
유발 하라리, (조현욱),『사피엔스』, 김영사, 2015

- 학술지

하룬 파로키,「Phantom Images」,《Public》, 04.01.01. https://public.
    journals.yorku.ca/index.php/public/article/view/30354

- 인터넷 기사

김고금평 기자,「유발 하라리의 예견, "로봇반란은 무지에 기인, 더 큰
    문제는…"」,《머니투데이》, 17.07.13. https://news.mt.co.kr/
    mtview.php?no=2017071315291354383&type=1
송현경 기자,「AI와 생명공학, 불평등사회 만들 수도」,《내일신문》,
    17.07.14. https://www.naeil.com/news/read/244217

5장
원본의 가치가 무용해진 시대, <익스펜더블>로 본 육체의 위기
-동시대 스크린에 더 이상 육체의 자리는 없나

송상호

육체라는 매혹

　전통 매체 환경 속에서 영화는, 몇 가지 제약 조건에 놓였을 때 존재 의의를 획득한다. 적절한 규모와 상영 장비를 갖춘 폐쇄적인 공간에서, 다수의 관객과 연동될 가능성을 탐색해야만 한다. 그렇다면 다소 거칠지만, 수많은 관객을 대중이라 명명한 뒤 논의를 이어가 보자. 그때 그 사람, 그때 그 시절, 그때 그 장소가 카메라에 담긴 뒤 영사되면 영화는 그제야 집단성을 주무르는 예술이 된다. 다시 말해 영화가 내가 가봤거나, 혹은 만났거나, 혹은 경험했던 순간들에 관한 매개체로 작동하는 셈이다. 이러나저러나 영화엔 사람이 있고 공간이 나와야 하며, 공간이 제시되면 사람들이 녹아들어 있어야 한다.

　그렇다면 이제 '공간'과 '사람'이 각자 관객들과 다른 방식으로 접속된다는 점에 주목해야 할 때다. 먼저 영화 속 공간이 대중들과 소통할 수 있는 이유는 무엇일까. 우선 나만 알고 있을 법한 어느 소도시 상가 옆 뒷골목 한구석을 떠올려 보는 게 좋겠다. 이곳이 영화라는 필터를 거치면, 꿈 잃은 청춘들이 벽에 기대 신세를 한탄하며 담배를 피우는 공간이 될 수도 있고 좀비들의 습격을 피한 생존자 무리가 한숨을 돌리는 임시 피난처가 될 수도 있다. 결국 영화가 공간을 다룰 때 중요한 건, 끊임없는 재구성과 재배열을 통해 관객의 내면과 기억을 건드리고 있다는 점이다. 수용자는 내가 알던 정보와 영화 속 공간이 무엇이 같고 다른지 비교하게 된다.

이제 공간에서 벗어나 사람에 주목해 보자. 대중과 스크린 속 사람이 만나는 방법에는 무엇이 있나. 누군가는 배우의 뛰어난 연기력이 몰입을 도와준다고 믿을 테고, 또 누군가는 배우의 외모에 사로잡혀야 영화에 오롯이 가까워진다고 생각할 테다. 사실 이 논의에서 제일 핵심으로 다뤄야 하는 건, 이 같은 모든 요소가 바로 육체 그 자체에서 촉발된다는 점이다. 다시 말해 우리는 스크린에서 러닝타임 내내 현현하는 육체를 맞닥뜨리고 있다. 그게 전체든, 일부든, 실재하든, 가상이든 뭐가 됐든.

이 지점에서 짚고 넘어가야 하는 사실. 공간을 논할 때면 항상 그 공간의 '존재 가능성'에 대한 여부를 따지는 경우가 많다. 〈퐁네프의 연인들(Les Amants Du Pont-Neuf)〉(레오스 카락스, 1991) 속 퐁네프 다리, 〈앤트맨과 와스프: 퀀텀매니아(Ant-Man and the Wasp: Quantumania)〉(페이턴 리드, 2023) 속 크로마

키에 덧입힌 양자 영역, 뉴질랜드 로케이션과 CG를 결합해 만든 〈반지의 제왕(The Lord of the Rings)〉(2001~2003, 피터 잭슨) 속 협곡을 각각 떠올려 보자. 우리는 이곳이 얼마나 매혹적인가를 따져볼 수 있지만, 이곳이 실재하는 곳인지 아닌지 검증하는 과정에 무의식중에 몰두해 버리지 않나.

반면 '육체'를 논할 때는 그럴 여지가 확연히 줄어든다. 다시 말해 관객들에게 육체는 과거부터 현재까지 실시간으로 지속해서 현현하는 대상이며, 그 대상의 존재 여부 역시 의심되지 않는다. 〈헝거(Hunger)〉(스티브 맥퀸, 2008)에서 단식 투쟁을 벌이는 앙상한 몸의 바비 샌즈와 〈알리타: 배틀엔젤(Alita: Battle Angel)〉(로버트 로드리게스, 2019) 속 나노테크 바디로 둘러싸인 휴머노이드 알리타를 각각 떠올려 본다. 두 존재로부터 우리는 실재와 가상을 가르는 논의에 함몰되는 대신, 육체가 주는 인상 자체에 단번에 사로잡히는 최면에 빠지지 않았나. 과연 육체는 그만큼 매혹적이고 강렬한 매개체다. 이쯤에서 육체를 다루는 영화들이 직면한 현 상황에 주목해 보는 게 어떨까. 우리는 영화가 육체를 어떻게 대하고 또 육체는 영화에서 어떻게 현현하는지 그 상호작용의 일부를 머금은 채 들여다봐야 한다.

액션 스타의 종말, 육체의 소멸?

1980~90년대 액션 스타들에 열광했던 마니아들의 판타지를

자극하고 니즈를 소소하게 채워줬던 〈익스펜더블(The Expenda-bles Series)〉 시리즈는 지난 10여 년간 네 편의 영화로 관객과 만나왔다. 감독 실베스터 스탤론의 야심 찬 프로젝트가 겨냥하는 건 명료하다. 왕년의 액션 스타들을 한데 모아 그 시절 그 감성을 환기하는 팬서비스의 총집합 선물세트를 펼쳐내는 것. 제작 의도가 선명했기에, 오히려 영화의 목적 달성 여부를 판가름하는 건 쉽다. 문제는 〈익스펜더블〉 시리즈를 감싸고 맴도는 그림자에 있다. 이 그림자는 바로 현시대에 이와 같은 형태의 영화가 더는 유효할 수 없다는 데에서 기인한다.

이때 시리즈를 나열해 봤을 때, 시대에 적응하지 못한 채 휘청거리는 영화의 자기 파괴적 선언은 더욱 선명하게 드러나고 구체화된다. 1편 〈익스펜더블〉(실베스터 스탤론, 2010)의 흥행에 힘입어 더 많은 액션 배우를 섭외해 판을 키운 〈익스펜더블 2〉(사이먼 웨스트, 2012)는 더 많은 쾌감과 흥미 요소로 가득 차 있었다. 이어지는 〈익스펜더블 3〉(패트릭 휴즈, 2014)는 완급조절과 함께 '신구조화'이자 '온고지신'에 주목하면서 시리즈의 지속성과 외연 확장을 염두에 둔 전략을 보여줬다.

〈익스펜더블 4〉(스콧 워, 2023)는 조금 달랐다. 4편은 옛것의 종말을 고하는 선언문 내지는 스러져가는 옛것을 이제 도저히 붙잡을 수 없노라 되뇌는 고백록에 가깝다. 바니 로스는 까맣게 타버린 시체가 됐고, 그의 곁을 지켰던 리 크리스마스는 팀에서 쫓겨났으며, 그 어떤 전사도 없이 익스펜더블에 합류한 지나와 래

쉬는 원년 멤버들이 오랜 기간 이어온 관례를 전혀 모른 채 단절을 겪고 유대감 형성에 얼마간 적응 기간을 거친다. 가령 바니가 죽은 뒤 익스펜더블 멤버들에게 작전을 설명하는 지나가 "브리핑이 바니와 좀 다른가?"라고 물어보는 장면을 떠올려 보자. 이에 한 팀원은 바니였다면 그냥 "출발하지"한 마디만 했을 거라며 지나를 얼마간 무안하게 만든다. 더 이상 예전의 익스펜더블은 성립될 수 없다.

이 지점에서 명확히 짚고 넘어가야 하는 게 있다. 4편이 단순히 액션 스타의 종말 내지는 육체의 소멸을 고하는 영화였다면, 이 글이 작성될 이유는 없다. 그렇다면 무엇이 중요한가. 바로 〈익스펜더블 4〉에 내재한 속성을 머금는 일보다도, 4편이 개봉한 현

(왼쪽부터) 〈익스펜더블〉에 출연한 실베스터 스탤론. 이연걸, 랜디 커투어, 테리 크루즈, 제이슨 스타뎀.
ⓒ 싸이더스

시대의 흐름과 관객석 바깥의 현실에 깃든 정신을 가늠해 보는 작업이 필요한 셈이다. 우리는 4편 자체만이 아닌, 영화의 안팎을 둘러싼 상황을 함께 살펴야 한다. 현시대는 육체를 오롯이 담아낼 수 있는 환경이 아니며, 영화 역시 이 시대에 맞게 육체를 담아내는 방법을 모르기 때문이다.

사라져가는 '원본'의 가치

그렇다면 이어 던져볼 수 있는 질문. 육체가 어떻게 스크린에 담겨야 할까? 이 고민의 실마리를 풀려면 우리는 '원본의 가치'에 주목해야 한다.

먼저, 마블 시네마틱 유니버스(MCU)의 〈더 마블스(The Marvels)〉(니아 다코스타, 2023)를 살펴보자. 에필로그에서 카말라 칸이 케이트 비숍을 찾아가 히어로 팀을 꾸리자는 발언을 담아내면서 영화는 마무리된다. 이 신은 〈아이언맨(Iron Man)〉(존 패브로, 2008)에서 닉 퓨리가 토니 스타크에게 "당신은 '더 거대한 세상의 일원'이 됐다"며 어벤져스 합류를 권유하는 상징적인 장면의 오마주로 보이지만, 얼핏 봐선 패러디에 가까워 보이기도 한다.

이처럼 작품 간의 긴밀한 연계를 기회가 될 때마다 도입하는 MCU이기에, 한낱 오마주가 대수겠냐고 말할 수 있겠다. 문제는 바로 〈더 마블스〉를 비롯한 MCU의 작품들이 도입한 세계관이다. 과거에 등장했던 요소를 본떠 헌사로 빚어내는 오마주가 그 자체로 유효해지려면, 대상으로 삼은 '원본'에 깃든 시공간의 가치를 보존하는 일이 선행돼야 한다. 하지만 시공간의 당위성을 해체하는 최근의 MCU 세계관 기반의 작품들 속에선 오랜 시간 축적되고 숙성되는 원본의 감칠맛이 옅어져 원본의 물성과 접속할 가능성 자체가 사라진다는 한계가 있다.

또 DC 익스텐디드 유니버스(DCEU)의 〈플래시(The Flash)〉(앤디 무시에티, 2023)를 떠올려 보자. 관객은 이 영화에서 니콜라스 케이지의 슈퍼맨을 목격할 수 있었다. 케이지가 연기하는 슈퍼맨은 사실 성사될 뻔한 기획이었다. 그렇지만 현실의 이해관계에 밀려 하얀 물거품이 되어버렸던 그 모습이 스크린에 조작된 그래픽으로 나타났다. 문제는 이 슈퍼맨의 존재 여부를 가리기엔, 육체의 매혹이 너무나도 강렬하다는 데 있다.

그러니까 〈플래시〉가 극장을 벗어나 액정 화면 속 OTT 플랫폼, 또는 가정용 TV에서 명절 특선으로 상영되는 상황을 가정해 보자. 〈플래시〉가 '평행우주' 내지는 '멀티버스'를 다룬다는 사실을 모른 채, 그냥 지나치듯 해당 장면만 보게 되는 사람이 있다면, 그는 '니콜라스 케이지가 도대체 언제 슈퍼맨을 연기했었지'라는 의문이 들더라도, 그 사실 여부보다는 실시간으로 현현한 모습 자체에만 사로잡힐 수밖에 없지 않은가. 결국 〈플래시〉는 코믹북 속 오리지널 슈퍼맨의 가치를 그저 눈요깃거리로만 소비하고 있는 셈이다. 미디어에 한 번이라도 노출됐던 적이 있던 슈퍼맨에 해당되면, 모조리 끌어다 모아 팬서비스를 보여줬던 〈플래시〉는 슈퍼맨의 원본을 통해 유희를 제공하는 데에만 몰두할 뿐이다. 슈퍼맨이라는 캐릭터에 깃든 원본의 가치를 재구성하고 확산하는 데엔 큰 관심이 없지 않은가.

그런다면 무게추를 〈익스펜더블〉 쪽으로 옮겨보자. 이제 〈익스펜더블〉 시리즈가 과거의 향수를 불러오기 위해 출연진 각자가 주목받았던 영화 속 특정 대사나 액션 등뿐 아니라 신과 시퀀스를 오마주하고 패러디하는 데 심혈을 기울인다는 데에서 출발할 수 있겠다. 〈익스펜더블 2〉에서 아놀드 슈왈제너거는 그의 대표 출연작 〈터미네이터(The Terminator)〉(제임스 카메론, 1984)로 대변되는 명대사 "금방 올게(I'll be back)"를 셀프 오마주한다. 이어 브루스 윌리스는 "그 멘트 지겹거든? 금방 올게(I'll be back)"라며 응수하고, 슈왈제너거가 이를 다시 받아쳐 "빌어먹을(Yippee-ki-yay)"이라고 말한다. 마지막 슈왈제너거의 대사는 윌리스의 대표작 〈다이하드(Die Hard)〉(존 맥티어넌, 1988) 속 존 맥클레인의 전매특허 명대사다. 결국 이 시리즈는 원본에 기대 레퍼런스를 계속해서 재구성하고 재생산하는 모습을 보여준다. 물론 이 전략 자체에선 앞선 〈더 마블스〉나 〈플래시〉의 사례처럼, 원본에 깃든 가치가 희석되는 위험 요소가 감지되지는 않는다.

그렇지만 〈익스펜더블〉이 육체를 내세운 영화인 데다, 육체가 처한 미디어 환경이 〈익스펜더블〉의 오마주나 패러디 같은 전략들을 무효화 한다는 점에 주목한다면 논의를 이어갈 수 있다.

급변하는 매체의 홍수 속 육체가 육체 그 자체로서 온전히 존립할 수 있는지 따져보는 작업이 중요하다. 그런 점에서 챗GPT나 DALL-E, 영상 생성 모델 Sora를 비롯한 생성형 AI의 등장은 스크린 속 육체의 시대에 다소 이른 종말을 고하는 신호탄이다. 육체는 원본이 주는 그 강렬한 힘이 중요한 법인데, 딥페이크가 난무하고 시각 정보를 임의로 조작해 수용자를 마음대로 유린하는 게 너무나도 손쉬워진 세상에서, 그 육체의 파괴력이 발휘되는 순간들은 어쩔 수 없이 사라져 갈 수밖에 없지 않나.

간단한 사례만 봐도 그렇다. 터미네이터로 분했던 아놀드 슈왈제네거의 강인한 육체는 더 이상 붙잡을 수 없는 과거의 유산이 되어버렸지만, 그 육체는 얼마든지 재생성·재소환되며 쇼츠와 릴스를 떠도는 망령이 된다. 명령어 입력 몇 번만 거치면 원본과 구별할 수 없을 정도로 정교한 자태를 뽐내며 우리 앞에 나타나기 때문이다. 문제는 그 진위를 판가름내는 일이 이 시대에 매우 힘들어졌기에, 원본이 주는 감흥을 수용하는 법이나 받아들였을 때의 효과 자체를 논하는 게 무의미해졌다는 데 있다.

원본을 대상으로 삼는 오마주의 존립이 불분명해진 시대, 더나아가 원본에 깃든 힘이 희미해진 탓에 오마주와 패러디를 가르던 기준과 그 경계마저도 모호해지는 상황에서 〈익스펜더블〉은 설 자리를 잃는다. 이때 더욱더 타격을 받는 건 당연히 공간보다 육체라는 사실을 잊어서는 안 된다. 도시는 보존과 관리에 따라 반영구적인 수명을 획득하지만, 육체는 그렇지 않다. 인간은 언젠가 소멸한다. 우리는 언제까지나 열혈 경찰 존 맥클레인을 마주할 수 없고, 그저 필름에 박제된 윌리스의 육체가 지닌 환영만 이따금씩 꺼내볼 수밖에 없는 셈이다. 〈익스펜더블〉 시리즈의 전략이 더는 유효할 수 없는 이유가 바로 여기에 있다. 오마주·재현·패러디 등의 전략은 원본의 가치가 빛나는 시대일 때 그 존재감을 대중에게 선명히 각인시킬 수 있지만, 이젠 그럴 수 없는 것 아닌가.

그때 그 시절의 향수를 위해 액션을 따라 하고, 그 감성을 재현하는 건 원본의 가치가 유효한 시대에 먹혀드는 전략인데, 21세기 그 중 특히 2020년대에는 그게 먹히지 않는다. 이제 우리는 무엇이 원본이고 무엇이 아닌지 구분할 수 없으며, 대중들은 그 구분하려는 의지조차도 갖고 있지 않은 채 쏟아지는 정보를 무분별하게 수용한다. 그렇기에 〈익스펜더블〉 시리즈의 제작 의도 자체가 시대와 조응할 수 없다는 한계가 수면 위로 떠오른다. 게다가 이 시리즈는 스러져가는 액션 스타들을 한데 불러 모아 노년의 육체에 대한 헌사를 바치고, 그들에 대한 경의를 표하는 데에도 한계를 드러내고 있다. 정녕 그랬을 거였다면 스탤론이나 이연걸이 자신의 출연작 속 시그니처 액션을 재현하거나, 브루스 윌리스와 슈왈제너거가 서로의 히트작 대사를 바꿔 대화하는 등 오마주나 패러디에만 그쳐서는 안 되지 않았을까. 결국 〈익스펜더블〉은 그 무엇도 건지지 못한 시리즈가 되는 셈이다.

〈익스펜더블 2〉에 트렌치 역으로 출연한 아놀드 슈왈제너거 ⓒ 롯데컬처웍스 (주)롯데엔터테인먼트

늙은 몸뚱이의 비애

〈익스펜더블〉 시리즈가 택했어야 하는 노선은 하나였다. 세월을 정통으로 맞은 육체의 고단함을 노출했어야 승산이 있었다. 이쯤에서 네 편의 〈존 윅(John Wick)〉(채드 스타헬스키, 2014~2023)이 노쇠한 존 윅의 몸을 있는 그대로 수용했던 걸 기억해 보면 좋다. 굳이 많은 대역과 CG 처리를 통해 근사한 액션을 선보이는 데 집중하는 대신, 한계가 있다면 있는 대로 액션을 배우가 소화할 수 있을 만큼 소화하게 놔두지 않았나. 존 윅의 액션이 특히나 매력이 넘쳤던 이유는 무엇이었나. 많은 평자가 현실감

넘치는 액션 스타일의 고증을 꼽지만, 그보다는 그저 뚜렷한 목표 의식 아래 살기 위해 고군분투하는 존 윅의 처절한 액션이 바로 해당 역을 맡은 키아누 리브스의 노쇠한 몸 상태와 연동됐기 때문이라는 점을 잊어서는 안 된다. 우리는 〈스피드(Speed)〉(얀드봉, 1994), 〈매트릭스 시리즈(The Matrix)〉(워쇼스키스 자매, 1999~2021), 〈콘스탄틴(Constantine)〉(프랜시스 로런스, 2005) 등에서 길쭉하면서도 중량감 있는 신체 특유의 아우라를 선보이며 액션을 소화했던 리브스가 〈존 윅〉에서 그 찬란했던 젊은 시절을 재현하는 모습을 볼 수 없다. 애초에 그러려는 의지도 없다. 바로 현재를 받아들이는 것. 이게 바로 〈익스펜더블〉을 만든 스탤론과 제작진들이 품었어야 하는 마음이다.

이때 육체의 존재감이 잘 부각되는 영화가 주로 배우들의 몸짓과 아우라를 놓치지 않고 잘 담아낸다는 것부터 다시 논의를 이어가 보면 어떨까. 그중 〈블레이드 시리즈(Blade)〉(스티븐 노링턴 외, 1998~2004) 속 웨슬리 스나입스의 육체가 뿜어내던 존재감은 쉽사리 잊기 힘들다. 선명하게 갈라진 근육들이 시시각각 조명을 받아낼 때 달라지는 굴곡의 실루엣이 스크린에 넘실댄다. 이 광경을 목도하는 관객들은 그 어떠한 대사 한마디, 세계관 묘사, 서사의 빌드업 따위보다도 강력한 접속 통로에 발을 들이게 되는 셈이다. 이와 비슷한 예는 너무 많기에, 아예 들지 않느니만 못하다. 그럼에도 웨슬리 스나입스를 끌고 온 이유는, 그가 〈익스펜더블 3〉에서 보여준 육체엔 선명한 근육 대신 나잇살로 가득

들어찬 세월의 흔적만이 느껴지기 때문이다.

　당연한 말이지만, 3편 속 닥터 데스의 고군분투는 멋들어진 액션에 몰두하는 스탤론이나, 터미네이터는 죽지 않는다며 샷건을 호탕하게 쏴대는 슈왈제너거보다 짙은 인상을 남길 수 없다. 관객들에게 스나입스의 액션은 무색무취로 인식됐을 확률이 높다. 이제 장도를 휘두르며 각 잡힌 무술을 선보이던 근육질의 블레이드는 없고, 과거의 잔상에만 사로잡혀 온전히 1인분을 해내지 못하는 늙은 몸뚱이만 남았기 때문이다. 하지만 〈익스펜더블 3〉은 스나입스를 그 활기찼던 시절에서 해방시키는 데 실패한다.

'익스펜더블 3'에 닥터 데스 역으로 출연한 웨슬리 스나입스.
ⓒ 롯데컬처웍스 (주)롯데엔터테인먼트 제공

3편에서 스나입스가 자주 내뱉던 대사가 칼로 적의 목을 가져오는 데 익숙하다는 걸 암시하는 "대롱 대롱"이라는 사실을 기억해 보면, 그에게 깃든 과거가 그를 잠식하고 있는 것처럼 보인다. 또 스나입스가 팀과 함께 작전에 투입된 뒤 파쿠르, 맨몸 액션에 이어 검술 액션을 선보일 때 뱉는 "감히 칼로 날 공격해"라는 대사 역시 〈블레이드〉의 자장 아래 갇힌 과거의 유산에서 벗어나는 방법을 모르겠다는 회한의 고백처럼 들린다.

그렇지만 여전히 핵심은 이 '늙은 몸뚱이'에 있다는 걸 잊어서는 안 된다. 그 세월의 흐름을 증명하는 게 이 육체이지 않은가. 그렇다면 문제는 이 육체를 다루는 방식이다. 스나입스는 예전처럼 칼을 휘두르거나 리드미컬하면서도 절도 있는 몸놀림으로 상대를 유린할 수 없기에, 그가 현재로서 할 수 있는 것들에만 집중하는 게 좋다. 세월을 정통으로 맞았지만, 노련미는 살아 있을 테니 관록을 무시할 수 없다는 점을 이용하면 되지 않나.

그런 점에서 〈노바디(Nobody)〉(일리야 나이슐러, 2021) 역시 〈존 윅〉 시리즈와 함께 〈익스펜더블〉 시리즈가 추구했어야 할 노선의 참고본으로 생각해 볼 만한 영화다. 물론 비교 대상인 〈노바디〉의 오덴커크는 왕년의 액션 스타로 볼 수 없다. 〈노바디〉를 끌고 온 이유는 순전히 올드맨을 어떻게 다루는지 살펴보기 위한다는 데 있다는 걸 미리 언급해 두겠다. 한때 잘 나갔으나, 지금은 퇴물이 되어버린 올드맨을 영화가 어떻게 품고 있는지 살펴볼 수 있는 기회라는 점이 중요하기 때문이다. 〈노바디〉에서 허치 맨셀은 전직 FBI 감찰관으로, 은퇴 이후 그의 삶은 평온한 일상조차도 사치일 정도로 따분하고 비루하다. 현역 시절 악명을 떨쳤지만, 지금은 불필요한 싸움을 지양한 채 좀처럼 주먹을 날리지 않고 체념하는 데 익숙해졌다. 〈노바디〉는 사실 스토리텔링의 측면에서 볼 땐 뻔하고 게으른 영화다. 은퇴한 킬러 존 윅과 허치 멘셀은 다를 바 없기 때문이다. 패러디라고 하기엔, 너무나 손쉬운 편의주의로 서사를 구성해 놓았다.

그럼에도 우리가 〈노바디〉를 주목해야 하는 건, 바로 과거의 향수 따위에 연연하지 않는 뚝심에서 비롯된다. 〈노바디〉에서 우리는 잘나가던 시절의 맨셀이 아니라, 지금 이 순간 시시각각으로 현현하는 육체를 선보이는 멘셀을 실시간으로 감각하게 된다. 노쇠화에 따른 신체 가동의 한계라든가 근력 약화 탓에 싸움을 어렵게 풀어가는 모습 등이 여과 없이 관객들에게 노출된다. 다시 말해 맨셀이 상대를 압도하겠다는 안일한 생각이 〈노바디〉에선 결코 허용될 수 없다. 그는 얻어터지거나 찔리고 넘어지고 크게 다친다. 당연하다. 나이에 걸맞게 성치 않은 몸을 이끌고 싸움에 임해야 하기 때문이다.

하지만 〈익스펜더블〉은 과거의 영광을 재현해서 8090세대의 향수를 팬들과 나누겠다는 생각만 가득하지, 육체를 스크린에 제대로 아로새기려는 의지는 보여주지 않는다. 아니, 관심이 없다고 표현하는 쪽이 더 타당하겠다. 이 점이 시리즈에 깃든 시대상의 그림자를 더욱 짙게 만든다.

물론 〈익스펜더블 4〉 속 거너가 허치 멘셀과 접속될 수 있는 것처럼 느껴진다는 사실은 4편의 존재 의의를 살려주는 몇 안 되는 위안거리일 수 있겠다. 시리즈 내내 알코올 중독자로 살아온 저격수 거너는 술을 6개월간 끊었다. 문제는 술을 끊으니 본업인 저격을 못 한다는 것. 이제 그는 고정된 타겟조차도 빗맞히면서 눈을 어디에다 두고 다니냐는 동료의 비아냥에 반박조차 못 하는 모습을 보여준다.

관객은 그를 보며 실소를 터뜨리지만, 그 웃음은 씁쓸할 수밖에 없다. 4편의 영화에 모두 출연한 룬드그렌은 〈록키 4(Rocky IV)〉(실베스터 스탤론, 1985)의 이반 드라고 역으로 주목받은 이

'익스펜더블 4'에 거너 역으로 출연한 돌프 룬드그렌. ⓒ ㈜올스타엔터테인먼트

래로 메이저 주연급은 아니더라도, 그만의 강직한 실루엣과 터프한 액션으로 확실한 정체성을 구축했던 액션 스타였다. 사이보그처럼 강인한 육체를 스크린에 내걸었던 그가 이제는 노안이 와 제대로 저격조차 할 수 없는 상태의 초라한 저격수가 됐다니 얼마나 아련한가. 영화 역시 이 같은 그의 한계를 교묘하게 가리거나 숨기지 않은 채 그대로 노출했다. 이로 인해 〈익스펜더블 4〉에서 관객은 뒤안길로 밀려가는 한 B급 액션 스타 룬드그렌의 육체에 새겨진 시간의 흔적을, 그로부터 배어나는 비애를 곱씹는다. 그가 노익장을 과시하는 건 전혀 중요하지 않다. 오히려 이처럼 그간의 세월을 제대로 수용하고 있다는 사실을 느끼는 게 훨씬 가치 있는 셈이다. 특히 네 편의 영화에서 이런 복잡한 감흥을 느낄 수 있는 기회는 룬드그렌의 사례를 제외하면 거의 찾아보기 힘들기에, 그가 처한 상황이 더욱 야속하게 느껴진다.

육체의 현현보다는, 육체를 둘러싼 비화

이젠 육체가 모습을 드러내는 현상 자체보다도, 육체가 스크린에 들어차기까지의 과정 내지는 비하인드 스토리가 더 각광받는 시대가 됐다. 멀리 갈 것도 없이 대표 예시는 바로 〈미션 임파서블〉 시리즈를 온몸으로 지탱해 온 톰 크루즈의 사례에서 찾을 수 있다. 4편 이후 7편에 이르기까지 톰 크루즈가 어떻게 시그니처 액션을 무사히 소화하고 촬영할 수 있었는지 궁금해하는 반응이 기하급수적으로 늘어났다는 점을 상기해보자. 톰 크루즈는 두바이 부르즈 할리파를 등반하는 고층 빌딩 스턴트를 선보였고, 물속에서 인간의 한계를 넘는 시간 동안 숨을 오래도록 참고, 위험천만한 고공비행을 선보이는 헬기에 매달리기도 했다.

이때 중요한 건, 액션 자체보다도 그게 성립된 배경이다. 이 역시 시대의 주요 화두가 변화하는 현상과 연결 지어 생각해 볼 만하다. 앞서 말했듯 육체 자체의 진위를 가르는 게 무용해졌기에, 우리는 눈앞에 펼쳐진 육체가 어떻게 이곳에 도달할 수 있었는지 확인해 보는 게 육체 자체를 들여다보는 일보다 더 가치가 있다고 느낄 수밖에 없지 않나. 어떤 임의의 육체가 특징을 지닌 육체로서 재배치, 재정의되는 과정이 오히려 동시대에 들어온 이후로 원활하게 이뤄지는 셈이다.

스크린에 육체가 배치되는 경로를 따라가는 일은 여전히 유효할 수 있지만, 스크린에 육체를 가득 채우는 일은 생명력을 다했다. '액션 스타의 귀환'이라는 명제는 이제 설 자리가 없어졌다. 환갑이 넘은 장 클로드 반담이 '굳이' 온전치 못한 신체를 이끌고 촬영장에 나타나 속도감이 많이 떨어진 돌려차기를 선보일 필요가 전혀 없다. 어차피 퍼포먼스가 시원치 않다면, 그의 움직임은 그래픽 처리와 노화 보정 기술을 통해 과거의 그것처럼 그럴듯한 속임수로 둔갑할 테고, 그마저도 안 된다면 그의 신체 전부가 조작된 픽셀들로만 채워질 게 뻔하기 때문이다. 그만큼 인공지능의 발달이 원본을 위협하고 있다.

〈익스펜더블 4〉에서 거너(왼쪽 첫 번째)를 비롯한 팀원들이 작전 회의를 하고 있는 모습.
ⓒ ㈜올스타엔터테인먼트

룬드그렌은 2024년 1월 한 매체와의 인터뷰에서 5편이 제작 단계에 돌입했으며 시리즈가 이어질 수 있다는 암시를 던졌다. 하지만 〈익스펜더블 5〉는 나올 수 없다. 아니 나와서는 안 된다. 소위 레트로를 들먹이며 과거의 잔향을 현재로 끌고 와 확산하려는 시도는 일회성 이벤트에 그칠 뿐, 지속력을 상실했다. 결국 우리는 악착같이 네 편의 팬서비스를 이어 온 〈익스펜더블〉 시리즈를 통해, 더는 동시대 스크린에 육체의 자리가 없다는 사실만을 선명하게 감각하는 게 아닐지.

* 이 글은 《르몽드 디플로마티크-시네마 크리티크》에 게재된 「원본의 가치가 무용해진 시대, 〈익스펜더블〉로 본 육체의 위기」를 수정·보완한 것이다.

제3부

경계를 넘어서는 육체

6장
영화가 그리는 성별의 제약과 여성의 육체
-셀린 시아마 감독의 작품을 중심으로

김희경

세상엔 헐겁고 느슨해 보이는 제약들이 존재한다. 그래서 누군가는 이 제약이 끊임없이 작동하고 있음을 인지하지 못하고, 때론 알면서도 외면하기도 한다. 하지만 누군가에겐 무엇보다 불가항력적이며 견고한 장벽으로 작동한다.

프랑스 출신의 셀린 시아마 감독은 이 제약의 헐거움과 견고함을 함께 보여주는 인물이다. 시아마 감독의 작품에선 대체로 큰 갈등이 일어나거나 커다란 충돌이 일어나진 않는다. 그러나 제약 안에 갇혀 버린 존재, 그 존재의 생동하는 본질을 보여줌으로써 그 이중성을 강렬하게 드러낸다.

그 제약 가운데 시아마 감독이 천착하는 것은 타고난 신체 구조로 인해 성별이 나눠지는 데 따른 제약이다. 인간은 태어남과 동시에 이분법적으로 남과 여로 구분되어 살아가게 되고, 이후 사회적으로도 성별에 따라 규범 지어진 역할을 수행하게 된다. 이는 얼핏 헐겁고 느슨해 보일 수 있지만, 무엇보다 견고하고 높은 장벽으로 작용하게 된다. "여성은 태어나는 것이 아니라 만들어지는 것이다"라는 시몬 드 보부아르의 얘기처럼, 인위적이고 억압적으로 여성성은 강요되고, 그에 따라 젠더 불평등이 이뤄지게 되는 것이다.

시아마 감독의 영화는 여성의 육체를 통해 그 제약을 드러낸다. 그의 영화 〈톰보이(Tomboy)〉(2011), 〈타오르는 여인의 초상(Portrait de la jeune fille en feu)〉(2020)은 이를 보여주는 대표적인 작품이다. 두 영화는 각각 아이들, 성인 여성의 시선과 생각으로 몸을 정면으로 응시하고 그 제약을 드러냄과 동시에 뛰어넘는다.

제약의 느슨함을 단숨에 견고함으로

〈톰보이〉의 오프닝은 이런 제약의 특성을 동시에 드러낸다. 카메라는 짧은 머리를 한 아이의 뒷모습과 바람을 느끼는 손을 클로즈업한다. 그리고 아이의 얼굴을 비춘다. 달리는 차 위에 앉아 빛과 바람을 온전히 느끼려는 아이는 자유롭고 행복해 보인다. 그런데 아이를 아래서 붙잡고 있던 아버지는 "안 무서워?"라며 두려움에 대해 질문한다. 아이는 "네"라며 짧고 명쾌하게 대답하고, 아버지의 무릎에 앉아 운전을 함께해본다. 자유와 평온함에 불쑥 들어온 두려움에 대한 질문은 영화에서 앞으로 이 열살짜리 아이가 지속해서 받게 될 질문이 된다.

영화는 제약의 헐거움을 단숨에 견고함으로 바꾼다. 짧은 머리를 보고 당연히 이 아이가 남자아이일 것이라 여겼던 관객의 편견은 어머니의 첫 등장과 함께 순식간에 수면 위로 올라온다. 아이를 보고 "우리 딸 왔구나" 하는 어머니의 대사 한마디로 영화는 아이에게 주어진 제약의 실체를 끌어올린다.

남성이자 여성이 된 아이

아이의 이름은 '미카엘'이자 동시에 '로레'이다. 미카엘은 아이가 스스로 명명한 것이며, 로레는 부모로부터 주어진 것이다. 즉 아이는 남성이고 싶어 하지만, 아이에게 주어진 신체 조건은 여성이라는 의미다. 타고난 신체 구조로 인해 주어진 성별과 원

영화 〈톰보이〉의 주인공인 미카엘이자 로레 ⓒ 네이버 영화

남자아이들과 축구하는 로레 ⓒ 네이버 영화

하는 성별이 다른 아이의 운명. 이는 결국 다른 사람들에겐 무의
미한, 그러나 아이에겐 오랜 시간 자신을 가두고 짓누르는 제약이
된다. 영화는 높은 제약의 벽에 대해 체념하거나 대항할 수 있는
어른보다, 이것을 숨겨야 하지만 체념하기보다 순수하게 갈망하
고 원하는 아이를 통해 제약의 거대함과 무게를 한껏 부각한다.

　로레는 새로 만난 친구 리사에게 자신을 미카엘로 소개한다.
그리고 미카엘로서 동네 아이들과 축구를 하며 어울리기 시작한
다. 영화에서 스포츠는 신체적 조건을 기준으로 아이들을 양분시
킨다. 축구를 할 수 있는 남자아이들과 축구에서 제외된 여자아
이 리사이다. 로레는 자신의 신체적 조건이 제약이 되는 것에 대
해 처음엔 가만히 지켜볼 뿐이다. 하지만 곧 남자아이들이 웃통
을 벗고 축구를 하는 모습을 닮고 싶어 하며, 이를 거울 앞에서

흉내 낸다. 그리고 다음엔 용기를 내어 축구를 한다. 축구를 꽤 잘하는 로레는 그 신체적 조건이 실질적인 제약이 아닌 그저 편견이 만든 허울뿐임을 보여준다.

이 편견은 미카엘이 된 로레에게 계속 눈속임을 해야 하는 제약으로 작동한다. 이름부터 신체까지 로레의 모든 것은 눈속임의 대상이 된다. 영화는 이 눈속임에 해당하는 행위의 연속으로 긴장감을 만들어 내고, 로레에게 가해지는 압박의 형상을 보여준다.

양분하는 움직임, 연결하는 움직임

시아마 감독은 영화에서 축구, 춤 등을 통해 움직임을 적극 활용한다. 남자아이와 여자아이를 극명하게 구분하는 축구는 신체적 차이를 인지하게 하고, 그것이 사회적으로 작동하는 방식을 극명하게 보여주는 역할을 한다. 반면 로레와 리사가 함께 추는

성별을 넘어 서로 감정을 주고받는 로레와 리사 ⓒ 네이버 영화

서로를 이해하고 위로하는 로레와 잔 ⓒ 네이버 영화

춤은 성별을 넘어선 인간 대 인간으로서 감정을 표출하고 연결하
는 장치로 기능한다. 두 아이는 춤을 통해 있는 그대로의 감정을
드러내고 펄떡이는 생명의 본질을 보여준다.

영화에서 로레의 동생 잔은 어린 나이에도 로레의 본질을 정
확히 이해하는 존재로 나온다. 잔은 로레가 미카엘인 척하고 있
다는 것을 처음으로 알게 되는 인물이다. 그러나 로레와 미카엘
의 차이보다 존재 자체에 집중한다. 로레가 자신에게 얼마나 소
중한 사람이며, 어떤 장점을 가졌는지 온전히 이해한다. 그렇기
에 로레는 제약의 무게가 느껴질 때마다 잔의 곁에 머물며 스스
로를 위로한다. 잔 역시 로레가 어머니로부터 상처를 받은 순간,
로레를 따뜻하게 안아준다. 존재의 본질은 그 본질을 이해하는
또 다른 존재가 있기에 어떤 상황에서도 빛난다.

영화는 로레의 본질을 숲이라는 자연을 통해서도 강렬하게

표출시킨다. 오프닝에서 로레가 빛과 바람을 느끼고 있을 때, 카메라는 푸르른 나무를 함께 비춘다. 그리고 영화 전반에 숲이라는 공간을 반복적으로 보여주면서, 이 안에서 나타나는 로레의 모습을 비춘다.

숲은 온전히 로레의 비밀을 숨겨주는 곳만은 아니다. 로레의 신체적 비밀이 아이들에게 드러나고, 아이들이 로레를 둘러싸고 압박하는 공간이기도 하다. 그리하여 인간이 가진 성별에 대한 편견이 아이들 안에도 얼마나 강하게 자리하고 있는지를 보여주는 역할을 한다. 하지만 동시에 숲은 로레가 사람들의 눈을 피해 원피스를 벗을 수 있는 곳이기도 하며, 로레와 리사가 서로의 감정을 나눌 수 있는 공간이기도 하다. 종국에 숲은 로레의 본질이 휘청이는 모습을 다 알고 있기도 하며, 그 상처를 보듬어 주는 역할을 한다.

로레에게 주어진 제약은 그렇게 오랜 시간 이어질지 모른다. 느슨해 보이면서도 커다란 굴레가 되어 로레의 인생 전반을 지배할 수도 있다. 그러나 카메라는 마지막 로레의 옅은 미소를 보여주며 이에 대한 영화적 답변을 내놓는다. 그럼에도 로레는 생동하며 미소 짓고 있을 것이라고. 나아가 로레는 스스로 미카엘이 되어 세상의 견고한 제약에 맞서나갈 것이라고.

남성적 시선에서 벗어나기

시아마 감독이 〈톰보이〉를 통해 어린아이에게 주어진 신체적 제약을 드러냈다면, 〈타오르는 여인의 초상〉에선 두 성인 여성을 통해 사회적 제도와 관습을 뛰어넘은 뜨거운 감정과 갈망의 진폭을 파노라마처럼 담아낸다.

〈타오르는 여인의 초상〉은 토드 헤인즈 감독의 〈캐롤(Carol)〉 (2015)을 연상시킨다. 퀴어 영화라는 점에서 유사할 뿐 아니라 영화가 두 여인이 상대를 응시하고 서로의 심연에 닿기까지의 감정의 층위는 비슷한 형태를 띤다.

여기에 결정적인 역할을 하는 영화적 장치도 닮았다. 〈타오르는 여인의 초상〉에선 그림, 〈캐롤〉에선 사진이다. 〈타오르는 여인의 초상〉은 18세기 말 어느 작은 섬에서 일어나는 일을 그린다. 여성 화가 마리안느는 원치 않는 결혼을 위해 먼 곳으로 보내질 귀족 여인 엘로이즈의 초상화를 그리기 위해 이 섬에 도착하게 된다. 그리고 마리안느는 엘로이즈 몰래 그를 지켜보며 그림을 그리기 시작한다.

〈캐롤〉에선 테레즈가 캐롤을 틈틈이 찍는 숏이 반복적으로 나온다. 두 영화에서 그림과 사진으로 궁극에 표현하고자 하는 것은 대상의 이미지화가 아니다. 그림과 사진의 대상을 포착하는 순간 느껴지는 알 수 없는 희열과 치열한 고민으로 침전되어 있던 감정의 선이 드러난다.

영화 〈타오르는 초상〉에서 엘로이즈와 그를 그리려는 마리안느 ⓒ 네이버 영화

특히 〈타오르는 여인의 초상〉에선 카메라가 철저히 마리안느의 시선에서 엘로이즈를 비추며 마리안느의 희열과 고민을 고스란히 보여준다. 함께 처음 산책길에 오르는 장면에서 카메라는 엘로이즈의 얼굴을 곧장 보여주지 않는다. 긴 망토를 입고 있는 뒷모습으로부터 시작해 그 망토의 모자가 벗겨져 노란 머리카락을 비출 뿐이다.

마침내 엘로이즈의 정면 얼굴이 나오지만 아주 짧은 순간이다. 마리안느는 또다시 엘로이즈의 빠른 걸음을 뒤쫓아 가며 뒷모습을 바라볼 뿐이다. 이때 마리안느의 얼굴은 그녀의 얼굴과 손 등을 담으려는 열망으로 가득 차 있다. 그러나 카메라는 또 엘로이즈의 얼굴 전체를 관객들에게 노출하지 않는다. 마리안느와 엘로이즈가 나란히 서서 바다를 바라보는 순간, 카메라는 마치 마리안느가 홀로 서 있는 것처럼 마리안느의 옆모습만을 비춘다. 그러다 마리안느가 몰래 엘로이즈를 바라보면 마리안느 얼굴에 가려져 있던 엘로이즈의 얼굴을 살짝 드러낸다. 이조차도 잠시, 엘로이즈가 마리안느를 쳐다보면 마리안느는 그녀가 눈치챌까 봐 곧장 고개를 돌린다. 그리하여 영화 밖 관객은 영화 시작부터 엘로이즈를 갈망하는 마리안느의 시선에 빠져들게 된다.

하지만 이때까지만 해도 마리안느의 시선은 지극히 남성적 시각에 해당한다. 마리안느가 몰래 엘로이즈를 바라보며 그리는 그림은 엘로이즈를 결혼이라는 목적만을 위한 것이다. 그리하여 그 그림을 보고 엘로이즈를 최종적으로 아내로 받아들일 남성의 시각으로 온전히 시작되고 완성된다.

이 그림은 결국 마리안느 스스로에 의해 폐기된다. 엘로이즈는 자신과 초상화가 닮지 않았다며 그림의 가치를 인정하지 않는다. 마리안느는 그 말을 듣고 그림을 자발적으로 폐기한다. 해당 그림은 엘로이즈 어머니의 초상화가 그랬듯 지극히 남성에게 거부되지 않기 위한 그림에 불과하기 때문이다. 그리하여 마리안느의 시선은 엘로이즈를 갈망하지만, 그 갈망은 마리안느 자신에게조차 고스란히 인정받지 못한다. 엘로이즈의 얼굴과 신체를 훔쳐보는 것에 급급할 뿐이며, 그림 역시 기존의 관습을 답습한 채 엘로이즈만이 가진 생명력과 그 안에 깃든 고독을 그려내지 못했다. 하지만 엘로이즈의 도발적인 지적에 마리안느는 진정으로 대상을 응시하고 표현하는 방법을 서서히 깨닫게 된다.

마리안느를 향해 웃는 엘로이즈 ⓒ 네이버 영화

　두 번째 그림은 마리안느의 일방적인 남성적 시선이 아닌 두 여인의 시선 교환으로 탄생한다. 마리안느는 자신이 엘로이즈를 전부 간파했다는 듯이 엘로이즈가 어떤 상황에서 어떤 표정을 짓는지 얘기한다. 그러나 영화는 마리안느를 엘로이즈의 자리에 서게 하는 장면으로 이전의 일방적 시선 자체를 단숨에 전복시킨다. 엘로이즈는 마리안느를 자신의 위치에 오게 한 후 "당신이 나를 볼 때 나는 누구를 보겠어요?"라고 말하며 그림이 두 여인의 감정과 시선이 뒤섞여 완성되어 가고 있음을 드러낸다. 영화 밖 관객 역시 카메라를 통해 엘로이즈를 바라보기만 한다고 여겼지만, 실은 엘로이즈 역시 하나의 시선을 보내고 있었고 상호 작용을 하고 있었음을 인지하게 된다.

관습과 제도가 만든 죽음에 대한 공포

〈타오르는 여인의 초상〉의 여인들 사이엔 하나의 긴장감이 지속해서 맴돈다. 상대의 죽음에 대한 공포다. 마리안느가 엘로이즈를 처음 만난 날, 엘로이즈는 얼굴조차 보여주지 않은 채 절벽을 향해 질주한다. 앞서 엘로이즈의 언니가 죽었다는 사실을 알게 된 마리안느는 엘로이즈 역시 죽음을 생각하고 있을 수 있다는 것을 내심 떠올렸을 것이다. 그리하여 엘로이즈를 막기 위해 마리안느도 힘껏 뛰어간다. 멈춰 선 엘로이즈가 "이 순간을 꿈꿔왔다"고 하자 "죽음이요?"라고 묻는 것은 처음부터 마리안느가 엘로이즈에 대해 일종의 불안감을 갖고 있었음을 알 수 있다. 그러나 엘로이즈는 "달리기요"라고 말하는데, 이를 통해 영화는 한번 관객들의 긴장을 풀어주면서도 죽음에 대한 불안을 끝까지 기저에 끌고 간다.

그렇다면 영화 속 이 죽음에 대한 불안은 무엇을 의미하는 것일까. 사회적으로 여성들을 짓누르고 억압하는 시선을 표상하는 것이다. 엘로이즈의 언니는 자살로 추정되는데, 그 자살의 원인은 엘로이즈처럼 얼굴도 모르는 남성과 무작정 결혼해야 하는 관습에 의한 것이다. 수녀원에서 지내던 엘로이즈는 언니의 죽음으로 그 운명을 대신 이어가게 된다. 그리하여 자기 의사와 무관하게 수녀원에서 나와 억지로 결혼해야 하는 상황에 이른다. 이 여인이 온전히 자기 자신의 선택만으로 살아갈 수 없게 만드는 사

서로의 감정을 직시하고 받아들이는 마리안느와 엘로이즈 ⓒ 네이버 영화

회와 주변 환경은 계속해서 죽음의 가능성을 배가시킨다.

하지만 영화는 죽음에 대한 불안은 드러내더라도, 죽음 자체로 끝맺지는 않는다. 각 인물의 강인함은 타인의 시선을 뛰어넘는다. 서로 사랑하는 상대를 발견하고, 감정을 직시하는 법을 배워가며 스스로를 지켜 간다. 두 여인이 서로를 기억하기 위해 책에 그림을 그리는 장면은 그 순간만큼은 신체가 속박에서 벗어나 해방되어 있음을 보여준다. 마리안느는 엘로이즈의 책에 자기 모습을 그려 넣는데, 이때 엘로이즈의 성기에 손거울을 놓고 자신을 비추며 그림을 그린다. 이로써 영화는 얼굴도 본 적 없는 남성의 부인으로 살게 될 엘로이즈의 신체가 진정한 사랑 앞에선 누구보다 자유롭고 당당할 수 있음을 보여준다.

연대하여 극복하기

견고한 제약의 벽을 허무는 것엔 '연대'도 중요한 역할을 한다. 〈타오르는 여인의 초상〉에선 마리안느와 엘로이즈, 그리고 하녀 소피가 함께 평등하게 이야기하고 서로 일을 돕는다. 낙태를 하려는 소피에게 어떤 추궁도 하지 않고 돕는 과정에서 이들은 하나의 공동체를 이룬다. 게다가 소피가 낙태하는 모습을 재현해 그림으로 기록까지 한다. 엘로이즈와 소피가 이를 재현하고, 마리안느는 낙태의 순간을 그림으로 그린다. 미혼 여성의 임신, 그리고 낙태에 대한 사회의 차가운 시선과 제약에도, 이들은 이를 숨기고 은폐해야 할 일이 아니라 여성의 삶과 일상에서 얼마든지 일어날 수 있으며 기록할 가치가 있는 사건으로 바라본다. 이들의 도움을 받는 소피 역시 마리안느가 엘로이즈의 웃는 표정을 포착하지 못할 때, 엘로이즈를 웃게 해야 한다는 조언으

서로를 바라보는 엘로이즈와 마리안느 ⓒ 네이버 영화

로 서로를 발견할 수 있도록 돕는다.

〈타오르는 여인의 초상〉의 시대적 배경이 18세기 말인 만큼 이들을 둘러싼 제약은 쉽게 해소되지 못한다. 마리안느는 섬을 떠나게 되고, 엘로이즈는 예정된 대로 정략결혼을 하게 된다. 하지만 영화는 클로징에서 각종 제약에도 그들의 감정은 절대 사라지지 않고 응집하여 기억되어 있음을 보여준다. 두 사람은 우연히 같은 연주회에 자리하게 된다. 그곳에서 마리안느는 엘로이즈를 바라보지만, 엘로이즈는 마리안느를 보지 못한다. 엘로이즈는 과거 마리안느가 들려준 비발디의 '사계' 중 '여름'의 연주를 들으며 서서히 눈물짓더니 격정적인 울음을 터뜨린다. 이를 통해 엘로이즈는 시간이 흘러 신체는 결혼이라는 제도와 관습에 속박되어 있지만, 내면에선 마리안느와의 감정을 완벽하게 기억하고 있음을 보여준다.

옅은 미소에 담긴 강인함

〈톰보이〉와 〈타오르는 여인의 초상〉에선 카메라가 클로징에 이르러 공통적으로 주인공의 미소를 비추는 것을 알 수 있다. 환한 미소가 아닌, 옅은 미소가 깔리는 정도이다. 〈톰보이〉에선 로레가 알듯 말듯 한 표정으로 옅은 미소를 짓고, 〈타오르는 여인의 초상〉에선 엘로이즈가 울음을 터뜨리면서도 끝내 옅은 미소를 띤다.

이 미소엔 시아마 감독이 말하고자 하는 바가 담겨 있다. 〈톰보이〉에서도, 〈타오르는 여인의 초상〉에서도 신체적, 제도적 제약은 끝내 완전히 해소되지 못한다. 각 인물이 제약에서 벗어나게 되거나 이들의 삶이 극적으로 변하지도 않는다. 하지만 미소를 통해 이들의 내면에선 생각과 시선의 변화가 일어났으며, 그 견고한 제약을 넘어설 수 있는 강인함이 생겨났음을 알 수 있다. 그리하여 시아마 감독의 영화는 이전과는 달라진 이들의 새로운 한 걸음이 더 큰 의미를 가질 것을 암시한다.

* 이 글은《르몽드 디플로마티크-시네마 크리티크》에 게재된 「헐겁지만 견고한 제약, 그 안에 생동하는 본질-〈톰보이〉」, 「기록되고 기억되어진 감정의 진폭-〈타오르는 여인의 초상〉」을 일부 발췌했다.

7장
영화 <69세>: 노인 여성의 육체와 폭력

서곡숙

노인 여성 육체에 대한 성폭력 피해와 영화 <69세>

성폭력은 상대방의 의사에 반하여 가하는 성적 행위이자 성적 자기결정권을 침해하는 모든 행위이며, 신체적, 정신적, 언어적 폭력을 포괄하여 타인에게 위해를 가하는 폭력적 행위와 상대방의 의사에 반하는 성적인 접근이다. 대표적인 성폭력인 성폭행은 강간을 완곡하게 표현한 것이며, 폭행, 협박을 통해 상대의 의사에 반하여 강제로 성관계를 하는 것이다. 한국 사회는 2000년대 초기에 익명으로 조심스럽게 시작되었으나 2010년대부터 본격화된 미투운동을 계기로 성인지 감수성이 달라졌다. 특히 이러한 성폭력 중에서 가장 끔찍한 성폭력인 성폭행이 영화에서 어떻게 재현되는지 주목할 필요가 있다.

필자는 세 가지에 주목하고자 한다. 우선, 최근 노인 여성 대상 성범죄가 해마다 증가하는 상황이고 이는 사회적 문제가 되고 있다. 다음으로, 성폭행 피해자의 취약성이 성범죄 대상에서 주요하다. 성폭력 사건을 접하는 사람들의 태도는 피해자마다 다른데, 성인 여성의 경우는 피해자에게 책임을 묻기 위해 의심받으며, 아동·장애의 경우는 사회의 관심이 집중되고 가해자에 대한 강력 처벌을 요구한다. 성범죄자는 성폭력을 시도했을 때 성공할 확률이 높다는 이유로 취약한 상대를 노리며, 노인도 아동, 장애인과 마찬가지로 성범죄에 노출되기 쉬운 취약한 대상에 해당한다. 마지막으로, 노인 여성 성폭력의 낮은 신고율은 성폭력 피해자인 노인 여성에 대한 사회적 편견을 반증한다. 따라서, 필자는 성범죄 증가, 취약성, 낮은 신고율이라는 세 가지에 근거하여 노인 여성 대상 성폭력 문제가 영화에서 어떻게 재현되는지 살펴보고자 한다.

영화 〈69세〉 포스터 ⓒ 네이버 영화

그런 점에서 한국 영화 〈69세〉(임선애, 2020)는 노인 여성의 성폭행 실화 사건을 영화화하고 개연성 부족, 무성적 존재, 평점 테러, 사회적 편견 등의 문제를 제기한다는 점에서 흥미로운 텍스트이다. 이 영화에서 69세 심효정은 병원에서 물리치료를 받다가 29세 남자 간호조무사 이중호에게 성폭행당한 후 동거남 남동인에게 이를 알리고 경찰에 신고한다. 하지만, 효정은 치매 환자로 매도하는 경찰, 개연성 부족으로 구속 영장을 기각하는 법원 등 피해자가 더 고통받는 현실에서 놓인다.

우선, 〈69세〉는 개연성 문제를 제기한 노인 여성 성폭행 실화 사건을 영화화한 작품이다. 2012년 병원에서 60대 여성 환자 A씨가 30대 간호사 B씨에게 성폭행당하고 가해자로부터 성폭행 자술서를 받아냈다. 하지만, 지속적으로 의문을 제기하는 경찰과 검찰에 의해서 한 달간 6번이나 출석해 조사, 현장검증, 범행재연을 강요당하고, 개연성 부족을 이유로 법원의 구속영장이 기각되자 "내가 젊은 여자였다면 가해자가 구속됐을 것"이라는 유서를 남기고 자살했다. 임선애 감독도 노인 여성에 대한 젊은 남성의 성폭행 사건을 영화화하는 과정에서 이러한 개연성 부족, 무성적 존재로 보는 편견에 주목한다.

그리고, 〈69세〉에 대한 관객의 평점 테러는 젊은 남성의 노인 여성 성폭행 사건을 바라보는 사회적 편견을 반영한다. 〈69세〉는 특정 단체에 의해 '소설 쓰고 있다', '남성을 비하한다'는 비난과 함께 조직적인 평점 테러를 당해 2점대까지 하락하였지만, 영화를 본 관객들의 응원 댓글과 평점 덕분에 개봉 이후 꾸준한 호평으로 결국 8점대까지 상승하였다. 이 과정에서 남성 평점 3점대와 여성 평점 9점대로 남녀의 확연한 차이가 나타나기도 하였다. 슬라보예 지젝은 『폭력이란 무엇인가 - 폭력에 대한 6가지 삐딱

한 성찰』(2007)[1]에서 육체적인 '주관적 폭력', 언어적 폭력인 '상
징적 폭력', 제도적 폭력인 '구조적 폭력'을 통해 폭력을 다양한
측면에서 성찰한다. 그래서 필자는 〈69세〉에서 주관적 폭력, 상
징적 폭력, 구조적 폭력이라는 세 가지 폭력이 다층적으로 재현
되는 점에 주목하고자 한다.

주관적 폭력: 신체적·정신적 취약성과 육체적·물리적 폭력

〈69세〉는 성폭행 후의 육체적 고통(전반부), 정신적 외상(중
반부), 정신적 극복(후반부)의 변화를 차례대로 표현하며, 주관적
폭력을 간접적 암시, 과거/현재의 교차편집으로 상징적으로 표현
한다. 피해자 심효정에 대한 가해자 이중호의 주관적 폭력, 즉 육
체적 폭력, 물리적 폭력은 성폭행 사건을 중심으로 전개된다. 성
폭행 사건은 전반부/중반부/후반부에 걸쳐 다르게 재현된다.

전반부는 효정이 병원에서 성폭행당하고 충격을 받은 모습을
간접적으로 암시하고, 마트에서 짝짝이 양말 신은 모습이 클로즈
업으로 강조되고, 집에서 전자레인지 소리에 기계음과 붉은 불빛
을 떠올리는 모습을 편집으로 표현하고, 경찰서 화장실에서 구토
하면서 관자놀이를 누를 때 시커먼 멍이 든 손목으로 바스트 숏

---

1 SlavojZz Žižek, Violence: Six Sideways Reflections, 2008, 슬라보예 지젝,
  정일권·김희진·이현우(역), 『폭력이란 무엇인가 - 폭력에 대한 6가지 삐딱
  한 성찰』, 난장이, 2011.

효정이 동인에게 성폭행을 당한 사실을 고백하는 장면 ⓒ 네이버 영화

으로 강조한다. 중반부는 효정이 수영장에서 세게 발을 차는 모습, 붉은 불빛, 손목을 강하게 잡은 손, 이중호 이름표를 교차편집으로 보여주면서 고통을 표현한다. 후반부는 효정이 손가락 사이에 비치는 햇빛을 보는 모습에서 멍이 사라진 손목, 손목을 매만지는 손길을 클로즈업으로 보여주며(현재), 옥상에서 성폭행 직후 넋이 나간 효정과 난간 위에 올려진 손목을 클로즈업으로 보여준다(과거).

〈69세〉에서 성폭행 장면에 나타나는 주관적 폭력은 간접적 암시와 과거/현재의 편집 방식을 통해 강압적 폭력으로 인한 고통을 표현하며, 취약성을 통한 지배와 착취, 욕구의 비합리성, 사회적 행위자와 사악한 개인, 사운드의 비가시성을 나타낸다. 세 번에 걸친 성폭행 장면을 통해 강압적 폭력과 피해자의 고통을 표현한다.

　우선, 영화의 처음 시작 부분에서 성폭행은 연결되는 세 가지 장면으로 구성된다. 첫 번째 장면은 성폭행 장면이며, 물리치료사 보조 이중호가 환자 심효정에게 치료 과정에서 보호자 부재, 예쁜 다리, 처녀 같은 몸매 등 사적 대화로 시작한다.[2] 이 장면은 암전 속에서 사운드만 나오며, 갑자기 켜지는 조명, 물리치료실 복도에 새어 나오는 적외선 치료기에 붉은 불빛, 기계음을 통해 상징으로 처리되며, 성폭행 직전의 대화에서 끝이 난다. 두 번째 장면은 옥상에서 효정이 수액 병을 꽂고 휠체어에 앉아 있는 모습에서 옥상 난간 위에 올려진 손목의 멍이 든 자국을 클로즈업으로 강조하며, 이때 효정의 얼굴은 보여주지 않아 관객이 추측하게 만든다. 세 번째 장면은 수영장에서 효정이 수영하는 모습을 보여주는데, 시체처럼 떠다니는 효정의 모습이 왼쪽에서 나타나 오른쪽으로 사라진다. 연결되는 세 장면은 성폭행 직전의 대화, 성폭행 후의 육체적 상처, 성폭행 후의 정신적 충격을 차례대로 제시하며, 간접적 암시, 직접적 부분 재현, 간접적 암시로 표현하면서 강압적 폭력으로 인한 피해자의 고통을 표현한다.

2　중호: 보호자는 아무도 안 계신가 봐요. 바지 좀 걷겠습니다. 수영은 오래하셨어요? / 효정: 나이 드니까 무릎 때문에 할 수 있는 운동이 없어서. / 중호: 다리가 예쁘시네요. 뒤에서 보니까 처녀 같으시던데. / 효정: 몇 분이나? / 중호: 제 말이 불쾌했어요? / 효정: 나같은 노인 때문에 일요일에도 근무하시나 봐요. / 중호: 노인 아니신데요. / 효정: 나도 옛날에 어른들에게 그런 거짓말했던 게 생각나서요. / 중호: 거짓말은 아닌데.

다음으로, 중반부에서 성폭행 장면은 한 번 더 재현된다. 수영장에서 효정이 수영하는 장면은 다리를 세게 차며 수영하는 효정(현재), 붉은 불빛과 기계음(과거), 다리를 세게 차며 수영하는 효정(현재), 붉은 불빛, 손목을 강하게 잡는 손, 이름표 '이중호'의 클로즈업(과거)의 순서로 보여준다. 현재와 과거를 교차편집한 이 장면은 과거 강압적 폭력이 낳은 외상에 여전히 고통받는 피해자의 모습을 드러낸다.

마지막으로, 후반부에서 영화가 끝나기 직전 전반부에서 보여줬던 옥상 장면이 한 번 더 반복된다. 옥상에서 효정이 휠체어에 앉아 있는 장면은 수액 병 클로즈업, 효정의 넋이 나간 옆얼굴 클로즈업, 난간 위에 놓인 멍이 든 손목 클로즈업을 통해 성폭행 직후 피해자의 정신적 충격을 표현한다. 이 영화는 피해자 효정의 얼굴을 보여주지 않음으로써 간접적으로 암시하는 전반부와 피해자 효정의 얼굴을 직접적으로 보여주는 후반부를 대비시킨다. 이러한 똑같은 장면의 반복과 대조는 관객에게 폭력에 대해 성찰하게 만든다.

강압에 의한 주관적 폭력은 취약성을 통한 지배와 착취, 욕구의 비합리성, 사회적 행위자와 사악한 개인, 사운드의 비가시성을 통해 나타난다. 20대 남성의 60대 여성 성폭행 사건에서 남성/여성, 청년/노년 사이에 물리적 힘의 차이가 나타나고, 특히 강압적 성행위를 통해 여성에 대한 남성의 지배와 착취의 관계를 드러낸다. 성폭행은 가해자가 자신의 성적 쾌락만을 추구하기 위

효정이 동인과 함께 경찰서에 가서 신고서를 작성하는 장면 ⓒ 네이버 영화

한 강압적 성행위이기 때문에 비합리적이고 비이성적인 폭력으로 나타난다. 가해자는 성폭행 과정에서는 사회적 행위자이자 사악한 개인의 모습이고, 성폭행 이후에는 사악한 개인의 모습이 강조된다. 사운드로만 들려주기 때문에 성폭행 영화의 시각적 재현에서 나타나는 남성적 시선이 없다.

〈69세〉에서 주관적 폭력에 대한 거리두기는 손목 장면의 간접적 암시, 대면 장면의 관찰자적 시선으로 표현되며, 비가시적 재현, 치매에 대한 진술 방식, 간접적 암시를 통해 관객을 냉철한 성찰로 이끈다. 7번에 걸친 손목 장면은 성폭행에 대한 간접적 암시로 주관적 폭력에 대한 거리두기를 보여주며, 피해자/가해자의 대면 장면은 주관적 폭력의 공포에 대한 극복을 표현한다.

전반부에서, 성폭행 직후 옥상 난간 위에 놓인 효정의 멍든 손목 클로즈업, 기계음에 비틀거리는 효정의 손목에 붙여진 밴드 클로즈업, 효정의 손목 밴드를 떼어내며 손목을 거칠게 잡는 동인 바스트 숏, 화장실에서 이마를 누르는 효정의 시커먼 멍이 든 손목 바스트 숏은 성폭행의 흔적에 대한 간접적 암시와 피해자의 고통을 표현한다. 중반부에서, 간병인으로 돌보는 노인 환자가 효정의 손등 위에 손을 올리자 움찔거리며 손을 뒤로 빼내는 효정의 모습은 성폭행의 후유증과 피해자의 괴로움을 표현한다. 후반부에서, 효정이 옥상에서 빨래를 너는 장면에서 피아노 소리에 미소를 짓는 효정 롱숏, 햇살을 바라보는 효정 바스트 숏, 손가락 사이에 비치는 햇빛 클로즈업, 멍 자국이 사라진 손목 클로즈업, 손목을 매만지는 손 클로즈업은 폭력으로 인한 외상에서 벗어나고자 하는 모습을 표현한다. 이 장면은 피아노 소리를 통해 딸을 떠올리고, 적외선 치료기의 붉은 불빛에서 봄 태양의 햇살로의 변화를 통해 강압적 폭력에서 벗어나 치유의 의지로 나아가는 피해자의 변화를 표현한다.

그리고 후반부 효정이 바닷가 도로에서 이중호와 대면하는 모습에서 시작해서 효정이 화면에서 사라지는 모습으로 끝나는 장면은 냉철하게 지켜보는 카메라의 시선을 표현한다. 카메라는 이중호가 효정의 복부를 걷어차고 효정이 쓰러지는 모습, 효정이 일어나서 흙더미에 떨어진 수첩과 어린 딸 사진을 바라보는 모습, 흙을 털고 핸드백 안에 수첩과 약을 넣는 모습을 차례대로 지켜본다. 효정은 1차 성폭행을 당한 후에는 연상하는 것만으로도 고통스럽고 가해자에 대한 두려움과 공포로 마주할 수 없었지만, 2차 육체적 폭행을 당한 후에는 실제로 마주한 가해자에 대한 분

노로 두려움과 공포를 극복하는 모습을 보여준다.

주관적 폭력에 대한 거리두기는 비가시적 재현, 치매에 대한 진술 방식, 간접적 암시를 통해서 거리를 유지하여 관객을 냉철한 성찰로 이끈다. 우선, 성폭행의 재현은 암전 상태를 통해 폭력을 가시적으로 재현하지 않고 비가시성을 드러낼 뿐만 아니라, 사운드를 통해 성폭행 장면 직전의 대사를 들려주지만, 성폭행당하는 현장을 들려주지는 않는다는 점에서 성폭행 피해자가 느끼는 공포감과 감정이입을 제시하지 않는다. 다음으로, 치매를 진술하는 방식은 피해자의 명확한 진술 내용과 공권력의 진술 방식 오염을 대비시킨다. 마지막으로, 손목 장면을 통한 간접적 암시는 공포감과 감정이입보다는 폭력에 대해 거리를 유지하여 관객이 적극적, 능동적 사고를 하게 만든다.

〈69세〉에서 가해자의 성폭력은 공적·사적 권력의 하층에서 벗어나 성폭행을 통해 권력과 욕구를 충족시키고, 강간의 성행위와 폭력으로 쾌감을 느끼고 제도화된 일상에서 벗어나 대가 없이 여성을 전유하고자 한다. 가해자는 처음에 친절한 직원상을 받는 등 표면적으로는 투쟁과 권력의 욕구를 드러내지 않지만, 나중에 피해자를 위협하는 호전적인 태도에서 권력의 우위를 차지하려는 모습이 보인다. 가해자는 공적으로는 간호조무사로서 의사, 간호사, 약사 등으로 이루어진 의료계에서 권력의 하층에 위치하고, 사적으로는 집이 없어 임신한 약혼자와의 혼인신고를 허락받지 못하고 처가의 눈치를 보는 객식구의 처지에 있다. 공적, 사적

경찰이 효정의 성폭행 사건으로 농담하는 장면 ⓒ 네이버 영화

으로 하층에 위치하는 젊은 남성은 병원에 환자로 온 노인 여성의 취약한 육체를 자신의 투쟁, 권력 욕구를 위한 수단으로 대상화하여, 사회적 분위기 때문에 권력욕을 채우지만 처벌받지 않는 상황을 악용한다.

가해자는 성폭행을 통해 자기 성적 욕구를 일방적으로 해소하고자 한다. 가해자는 결혼에서는 약혼자가 임산부여서 성적 욕구를 해소하지 못하는 상황이고, 매춘에서는 간호조무사의 박봉으로 돈을 통해 성적 욕구를 해소하기 힘든 상황이다. 그래서 가해자는 강간에서는 나이 든 여성에 대한 젊은 남성의 성폭행이라는 점에서 처벌받지 않아 안전하다고 생각하게 된다. 가해자는 무대 뒤의 '폭력성'을 억누르고 무대 위의 '친절성'을 가장하면서 폭력/비폭력의 양가성을 드러낸다. 가해자의 성폭행은 결혼이나 매춘으로 제도화된 일상 관계에서 벗어나는 것이다. 가해자는 성폭행을 통해 대가 없이 여성을 전유하고 자신의 권리를 포기하지 않고자 한다.

〈69세〉에서 피해자인 여주인공은 인지력과 의사소통 능력을 보이지만 가해자의 거짓 진술로 치매를 의심받아 권리 주장에 어려움을 겪으며, 노인 여성 환자라는 점에서 3중의 취약성으로 범죄의 대상이 되고, 성행위의 폭력적 경험으로 인해 심리적으로 고통을 겪는다. 여주인공 효정은 노인 여성임에도 불구하고 시집을 즐겨 읽는 지적인 여성으로서 인지력과 의사소통 능력에서 높은 수준을 보이며, 자신의 피해 사실을 명확하게 설명하여 피해자를 처벌해달라는 요구를 확실하게 한다. 하지만 나중에 경찰이 가해자 이중호의 거짓 진술에 근거해서 효정의 치매를 시작으로, 효정의 인지력과 의사소통 능력, 그리고 결국 효정의 진술 자체의 신빙성도 의심하게 된다.

효정은 자기관리를 철저히 해서 처녀 같은 몸매를 유지하고 있지만, 여성이자 신체기능이 저하된 노인, 그리고 병원에 물리치료를 받는 환자라 3중적으로 취약하다는 점에서 성폭행에 대한 저항이 힘든 상황에 놓인다. 성행위는 이성 간에 매력, 호감, 사랑 등 긍정적인 요소가 있을 때 이루어지는 성적 행위이지만, 성폭행은 가해자만의 일방적인 성적 욕구 해소를 위해서 피해자에게 폭력적으로 성적 행위를 한다는 점에서 성행위가 아니라 성적 폭력이다. 영화의 후반부에서 성폭행 직후의 옥상 장면에서,

카메라가 수액 병, 난간 위의 걸쳐진 멍든 손목, 휠체어에 앉은 효정의 모습을 차례대로 클로즈업으로 강조함으로써 성폭행으로 인한 피해자 효정의 정신적 충격과 심리적 고통을 표현한다. 이 영화는 성폭행이 육체에 대한 폭행 중에서 가장 은밀한 성 기관에 대한 강제적인 침입이자 폭행이라는 점에서 가장 악랄하고 비인간적인 폭력이라는 사실을 드러낸다.

〈69세〉는 관찰자적 사건과 상징을 통한 암시로 객관적 거리를 유지하고 육체적 취약성과 정신적 취약성에 대한 의심으로 고립감, 무력감에 빠지고, 관음의 시선보다는 피해자 고통과 사회 모순에 대한 성찰을 보여준다. 우선, 과거 사건의 재현은 관찰자적 시선과 상징을 통한 암시로 객관적 거리를 나타낸다. 다음으로, 피해자는 육체적 취약성과 정신적 취약성에 대한 의심으로 고립감, 무력감을 느낀다. 그리고, 이 영화는 성폭행 장면 재현에서 사운드와 상징 기법, 과거/현재의 몽타주 기법을 사용하며, 기다림의 침묵에서 사회적 편견에 대한 저항으로 변화한다. 마지막으로, 이 영화는 성폭행 장면에서 관음의 시선이나 윤리적 재현 나타나지 않으며, 객관적 거리두기와 절제된 시선으로 피해자의 고통과 사회의 모순에 대해 성찰하게 만든다.

〈69세〉는 신체를 침입하는 모멸감을 무시하며 존엄성을 훼손하는 사회를 비판하고, 노인을 무성적 존재로 취급하여 공적 처벌이 이루어지지 않는 등 성폭행 이후 피해자의 심리적 고통에 집중한다. 현실에서 피해자가 존엄성을 훼손당하고 "내가 젊은 여자였다면 가해자가 구속되었을 것"이라는 유서를 남기고 자살하지만, 영화에서 피해자는 존엄성의 훼손에 맞서기 위해 자신의 성폭행 사실을 알리는 고발문을 뿌리고 삶을 선택한다. 현실에서 노인을 무성적 존재로 보는 사회의 시선과 수치심 때문에 외부에 누설하지 못하고 신고가 생략되어 암수 범죄로 처리되지 못하는 경우가 많지만, 영화에서 여주인공은 고민하다가 동거남 동인에게 털어놓고 함께 경찰에 가서 신고하여 공적인 처벌을 받게 하고자 한다. 하지만, 효정도 자신을 무성적 존재로 보며 성폭행 피해를 인정하지 않는 공권력의 모습에 좌절한다. 이 영화는 성폭행이 일어난 시점부터 시작하여 성폭행 사건보다는 사건 이후 피해자의 정신적 고통에 집중한다.

상징적 폭력: 노인 여성 무성화의 사회적 편견과 가부장제의 폭력

〈69세〉에서 상징적 폭력, 즉 언어적 폭력과 사회적 비판으로 인한 폭력은 전반부, 중반부, 후반부에 걸쳐 변화를 보여준다. 전반부에서 효정은 고소장을 작성할 때 서식 예시의 적나라한 표현을 클로즈업으로 강조하고, 고 형사가 가해자의 성폭행을 친절이라고 말하고, 수영장에서 몸매가 처녀 같다는 말을 듣는다. 중반부에서 효정은 빨간불에 건너다가 운전자에게 멸시당하고, 동인도 편의점 직원에게 멸시당한다. 후반부에서 효정은 수간호사와 고 형사로부터 옷을 잘 입는다는 칭찬을 듣고, 이중호에게 욕설을 듣는다. 전반부에 효정은 성폭행과 관련한 말을 들었을 때 정신적 충격을 받지만 자기 의사를 표현하고, 중반부에서 효정과 동인이 노인 멸시 발언에 상처받고, 후반부에서 효정은 노인 관련 발언에 확실하게 자기 의사를 표현하는 등 점점 적극적으로 변모한다.

〈69세〉에서 무의식적 언어 사용은 피해자의 책임 전가와 노인의 욕망·존재를 부정하고, 습관적인 언어 사용은 노인에 대한 멸시를 나타낸다는 점에서 상징적 폭력으로 작용한다. 무의식적인 언어 사용이 상징적 폭력이 되는 경우는 청년 남성의 노인 여성 성폭행 발언과 노인 멸시 발언이다. 청년 남성의 노인 여성 성폭행 발언은 성폭행의 개념 상실과 피해자 책임 전가로 인한 상징적 폭력을 보여준다. 노인 멸시 장면은 노년 세대의 욕망, 능

동인의 아들이 효정에게 아버지를 떠나라고 충고하는 장면 ⓒ 네이버 영화

력, 존재 의미를 인정하지 않는 사회적 편견을 반영한다. 의식도 없이 내뱉어지는 무의식적인 언어가 폭력이 되는 것은 사회에 내재된 구조적 폭력이 상징적 폭력으로 발현되는 것이다. 그리고, 습관적인 언어 사용이 상징적 폭력이 되는 경우는 노인 여성의 외양 칭찬 발언이다. 외양 칭찬 발언은 칭찬 이면에 멸시를 내포하는 언어 사용으로 상징적 폭력이 나타난다.

〈69세〉에서 언어를 통한 지배는 배려하지 않는 공권력, 가해자의 고의적인 악행과 권력욕을 드러내고, 언어를 통한 이데올로기 조작은 불편함/불쾌함의 대비를 드러내고, 일상적 언어는 사회적 편견을 나타내는 등 상징적 폭력을 드러낸다. 언어를 통한 지배는 효정의 고소 장면, 효정/중호의 대면 장면에서 상징적 폭력으로 나타난다.

효정의 고소 장면은 피해자를 배려하지 않는 언어 사용이 상징적 폭력을 보여주고, 효정/중호의 대면 장면은 가해자의 욕설과 멸시 때문에 과거 성폭행이라는 범죄가 선인의 순간적인 실수가 아니라 악인의 고의적인 범죄라는 사실을 보여준다. 효정을 지칭하는 이중호의 호칭은 '아주머니', '할머니', '씨발년' 순서로 변화한다. 경찰 조사 장면에서 가해자 이중호는 자신과 효정이 합의하에 성관계를 했다는 것을 강조하고 나이 차이를 좁히기 위해 "아주머니"라는 표현을 계속 사용하고 효정을 주어로 사용하여 효정의 능동적 행동을 강조한다. 반대로, 효정/중호의 대면 장면에서 이중호는 "할머니", "치매", "씨발년"이라는 표현으로 멸시하며 효정의 진술을 무효로 만들고자 하는 악랄함을 보여준다.

그리고, 언어를 통한 이데올로기 조작은 효정의 고발문 장면과 일상적인 단어에서 상징적 폭력으로 나타난다. 효정이 쓴 고발문은 사회적 편견으로 인한 피해자의 고통을 드러내고, 폭력에 대한 저항과 삶의 의지를 나타낸다. 노년 여성에 대한 청년 남성의 성폭행은 '불편함'뿐만 아니라 '불쾌함'까지 일으킨다는 사실이 이미 사회적 편견을 반영한다. 마지막으로, "친절", "조심", "쓰레기", "몸매" 등의 단어는 이미 사회적 편견이 있어서 언어 자체에 내재된 폭력을 보여준다.

〈69세〉에서 가해자의 성폭행은 폭력을 통한 인간의 전유, 희생자의 고통스러운 경험을 은폐한다. 형사들의 "친절" 발언은 성폭행이라고 할지라도 노년 여성에 대한 젊은 남성의 성행위는 친

효정이 증거를 찾지 못해 힘들어하는 장면 ⓒ 네이버 영화

절한 행위라고 생각한다는 것이 성폭행이 폭력이라는 사실, 강압적인 성행위가 유쾌한 경험이 아니라는 사실을 은폐하고 있다. 이중호도 자신과 같은 20대 남성이 60대 여성과 성행위를 하는 것은 성폭행이라도 '할머니 좋은 일'이라고 독단적으로 생각하면서 자신의 성폭행을 현실 미화시킨다. 이런 발언은 즉, 성폭행은 폭력을 통해 한 인간을 전유하는 것이기 때문에 피해자에게 유쾌한 경험이 될 수 없다는 사실을 은폐한다. 가해자 이중호도 자신이 강압적으로 성행위를 했음에도 불구하고, 경찰에게 합의해서 성행위를 했다고 말하고 효정에게는 좋으라고 해줬다고 말함으로써, 여성, 특히 노년 여성에게 성폭행한 사실을 합리화하는 가부장 제도의 특권의식을 보여준다.

〈69세〉에서 여주인공은 성별 권력관계에 의한 강압적 성행위로 1차 피해를 입고, 노인 대상 성범죄에 대한 불신, 남성 중심 문화의 차별·배제, 성 위계체제 메커니즘의 비정상성 낙인, 성폭력 통념 등 사회적 편견으로 인해 2차 피해를 입는다. 우선, 노인 여성이 성폭력 피해자라는 사실을 믿지 않는 사회적 편견 때문에 2차 피해가 발생한다. 다음으로, 노인 대상 성범죄에 대한 불신, 낮은 중요도, 낮은 관심이라는 세 가지 문제는 가해자에 대한 공적 처벌을 불가능하게 만들고 악용 범죄로 이어지게 만든다. 마지막으로, 피해자 여주인공은 성별 권력관계에 의한 강압적 성행위와 남성 중심 문화에 의한 차별·배제로 고통받고, 성 위계 체제의 메커니즘에서 정신적·육체적 비정상성의 낙인이 찍히고, 가

효정이 물리치료를 위해 수영을 하는 장면 ⓒ 네이버 영화

해자뿐만 아니라 성폭력 통념으로 인해 상처받는다.

〈69세〉는 피해자의 비정상성을 통한 성폭력 신화와 가부장제 이데올로기를 비판하며, 간접적 상징으로 윤리적 시선과 거리 두기를 통한 냉철한 인식을 보여준다. 피해자 여주인공은 정숙하지 못한 여성, 성적인 유혹, 사회적 품위, 명예 실추, 남성의 도움에 의한 복수 등 성폭력 신화와 가부장제 이데올로기를 겪는다. 〈69세〉에서도 남성의 성폭력을 정당화하는 신화인 성폭력 신화와 가부장제 이데올로기가 나타난다. 성폭행 사건을 둘러싼 주변 인물들은 남성의 성폭력을 정당화하는 신화를 구축하며 가부장제 이데올로기 유지를 보여주지만, 피해자 여주인공은 능동적 섹슈얼리티로 나아간다. 경찰은 효정과 동인의 동거 사실로 효정을 정숙하지 못한 여성으로 바라보고, 수간호사는 간병인 피해자의 사회적 품위를 평가절하하면서 효정의 순수성을 의심하고, 동인은 효정을 대신해서 가해자에게 복수하고자 하며, 가해자 이중호는 피해자 효정의 성적인 유혹을 강조하여 피해자의 명예를 실추시킨다. 효정은 동인과의 이별, 노인의 사회적 품위, 가해자에 대한 저항으로 성폭력 신화에 저항한다.

그리고, 이 영화는 플래시백으로 통한 직접적인 재현보다는 간접적인 상징을 사용하며, 피해자의 고통에 대한 윤리적 시선과 거리두기를 통해 냉철한 인식을 보여준다. 〈69세〉는 성폭행 장면이 플래시백으로 여러 차례 재현되지만, 직접적인 재현이 아니라 물리치료실의 적외선 불빛, 기계음, 멍든 손목 등 간접적인 상징으로 제시되며, 성폭행에 대한 재현보다는 성폭행으로 인한 피해자의 고통에 대해서 거리두기를 통해 냉철한 인식을 불러일으킨다.

〈69세〉에서 노년 여성 여주인공은 사회적 편견에 대해 저항하고 존엄성을 지키고자 하고, 무성적 존재로 만드는 이중잣대를 비판하고 주체자로 변화하고, 피해자, 여성, 주체자의 순서로 변화하며 타자화의 폭력적 시선을 비판한다. 피해자 여주인공은 노인 여성의 성적 수치심 무시, 편견과 비하, 존엄성 훼손 등 사회적 편견에 저항하며 삶의 의지와 존엄성을 지키고자 한다. 이 영화에서 여주인공은 노인 여성에서 여성을 배제하여 무성적 존재로 만드는 이중잣대를 비판하고, 공적 처벌의 좌절, 진술 의심과 일탈, 범죄 고발과 저항이라는 세 단계 변화를 통해 주체자로 거듭난다. 이 영화는 세 가지 기록 모티프를 통해 피해자, 여성, 주체자 순서로 변화하는 모습을 그려내며, 노년 여성에 대한 칭찬에서 나타나는 타자화의 시선, 폭력적 시선을 비판한다.

구조적 폭력: 공권력의 가해/피해 전도와 법체계의 개연성 폭력

피해자 심효정에 대한 가해자 이중호의 구조적 폭력은 고소와 고발을 중심으로 전개된다. 성폭행 사건에 대한 경찰의 조사와 법원의 영장은 전반부, 중반부, 후반부에 걸쳐 전개된다. 전반부에서, 효정은 경찰에게 진술하고 증거물을 제출하지만, 경찰은 가해자의 진술을 듣고 피해자 효정의 치매를 의심한다. 중반부에서, 동인은 영장이 기각되자 이중호를 따로 만나 자수를 권유하지만 폭행당하고, 변호사 아들에게 도움을 요청하지만 거절당한다. 후반부에서, 효정은 이중호의 처가를 찾아가 동인이 쓴 고발문을 전달하고, 자신에게 폭언하고 폭행하는 이중호에게 맞서고, 병원 옥상에서 이중호 고발문을 뿌린다.

〈69세〉에서 공권력은 부정확한 정보를 바탕으로 치매, 우울증, 대질신문을 진행하며 가해자보다 피해자를 의심하는 가해/피해의 전도를 드러내고, 법체계는 구속영장 기각으로 성행위의 확실성과 성폭행의 불확실성이라는 이중잣대를 보여줌으로써 개연성의 폭력을 드러낸다. 구조적 폭력은 '경찰'의 치매 사건, 우울증 사건, 대질신문 사건과 '법원'의 영장 기각 사건을 중심으로 전개된다. 우선, 경찰의 피해자 치매 의심 사건은 가해자, 경찰, 보호자, 피해자 순서로 확대되며, 가해자보다 피해자를 의심하여 노인 여성에 대한 차별과 배제를 드러낸다. 다음으로, 경찰의 피해자 우울증 의심 사건은 효정의 정신적, 신체적 기능 저하에 대한 의심, 나아가 효정의 진술에 대한 의심으로 확대된다. 그리고, 경찰의 가해자/피해자 대질신문 사건은 피해자에게 2차 피해를 끼치는 무성의한 사건 처리라는 점에서 정상적, 비가시적인 구조적 폭력이다. 마지막으로, 법원의 구속영장 기각 사건은 성행위와 성폭행에 대해 확실성과 불확실성이라는 이중잣대를 부과하는 모순을 드러내며, 사회적 편견에 근거해 개연성을 의심한다는 점에서 개연성의 폭력, 눈에 보이지 않는 폭력, 주관적 폭력을 낳는 구조적 폭력이다.

경찰은 법원의 영장 기각 사실을 동인에게 계속 보고하며, 효정의 사건을 동인과 계속 상의한다는 점에서 남성 중심 문화를 보여준다. 고소인 본인이 성폭행 사실을 직접 증명해야 하는 법체계의 문제점은 가해자가 무죄를 증명하는 체계가 아니라 피해

피해자 효정이 가해자 중호에게 분노하는 장면 ⓒ 네이버 영화

제3부 경계를 넘어서는 육체

효정이 내적 성찰 후 결의를 다지는 장면 ⓒ 네이버 영화

자가 가해자의 유죄를 증명하는 체계라는 점이다. 노년 여성이 성적 매력이 없는 무성적 존재라는 이유로 노년 여성에 대한 성폭행 범죄를 인정하지 않는 법체계의 구조적 폭력은 노년 여성을 대상으로 한 성폭행 범죄라는 주관적 폭력을 낳는 역할을 한다.

〈69세〉에서 동인은 구조적 폭력에 저항하지만 사적 처벌에서 실패한다. 반면에, 효정은 1차 사적 처벌과 2차 공적 처벌에 성공하며 성폭행, 공포, 사회적 편견, 폭행이라는 4차례의 폭력에 직면하면서 포기, 일탈, 성찰, 저항으로 나아간다. 경찰의 '고소장'과 법원의 '영장 기각'으로 공적 처벌이 좌절되자, 동인(1차)과 효정(2차)은 '고발문'으로 사적 처벌을 수행하고자 한다.

남동인의 고발문과 남동인/이중호의 대면 사건은 구조적 폭력에 대한 저항과 사적 처벌의 좌절을 보여준다. 그리고 심효정/

이중호의 대면과 심효정의 고발문 사건은 구조적 폭력에 대한 저항과 사적·공적 처벌의 성공을 보여준다. 효정이 찾아온 동인을 만날 때, 동인은 자신도 효정을 의심했다고 털어놓고 효정도 딸이 있다고 고백하고 이별함으로써 두 사람의 미래에서 가능성을 엿보게 만든다. 남성 중심 문화와 노인 차별 사회에서 공권력과 법체계가 가해자의 범죄를 공적으로 처벌하지 않아서 피해자가 사적 처벌을 수행하면서 그 책임과 무게를 그대로 느끼며 죄책감을 느끼는 것이 바로 구조적 폭력이다. 효정이 사적 처벌을 결심

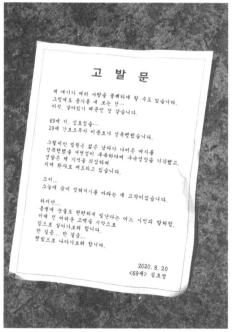

효정이 홍호기에게 보내려는 고발문을 땅에 묻는다. 클립하니 장면. ⓒ마더 영화

한 이유는 1차적으로 헤어진 딸을 봐야 한다는 생각, 동인의 포기하지 말라는 조언, 동인의 고발문 때문이며, 2차적으로 이중호의 협박과 폭행, 헤어진 딸과의 대면 때문이다. 피해자 효정은 1차 성폭행의 육체적 폭력, 2차 성폭행 충격의 정신적 폭력, 3차 사회적 편견의 정신적 폭력, 4차 폭행의 육체적 폭력 등 여러 차례 폭력에 직면하면서 포기, 일탈, 성찰, 저항의 순서를 거치면서 나아간다.

〈69세〉에서 노인 여성에 대한 무력 공격은 정신적, 육체적 취약성을 노린 범죄라는 점에서 가해자의 악행이 드러나며, 성행위와 폭행의 결합인 성폭행으로 가해자의 열등감을 표출한다. 법체계는 현실적 증거에도 불구하고 청년 가해자 성폭행의 개연성을 의심하고, 공권력은 피해자의 신체적·정신적 취약성을 강조해서 진술을 무효화하고자 하며, 사회적 통념은 성폭력 피해자를 향한 낙인으로 권력관계와 위력행사를 드러낸다. 그리고, 사회적 통념은 성폭행 피해자에게 가해자의 낙인을 찍는 권력관계와 위력행사를 보여준다. 이 영화는 가해자 악행과 피해자 고통의 대비로 가해/피해 전도를 드러내고, 법체계의 개연성 폭력, 사회의 폭력적 시선으로 남성 중심 사회와 가부장제의 모순을 드러낸다. 또한, 이 영화는 열등감과 폭력성으로 강압적인 성폭행을 한 가해자를 처벌하지 않고, 법체계의 개연성의 폭력, 사회의 폭력적 시선으로 피해자에게 정신적 고통을 준다는 점에서 현실의 모순을 비판한다. 현실에서 노인 여성 성폭행 피해자가 자살하는 비관적 전망으로 끝났지만, 영화에서 노인 여성 성폭행 피해자인 여주인공은 햇볕 속으로 걸어 나가고자 안간힘을 쓴다는 점에서 미래의 낙관적 전망을 보여준다.

〈69세〉에서 노인 여성 피해자는 존엄성 침해와 살아온 삶에 대한 부정으로 2차 피해를 입으며, 사적 처벌로 성인지 감수성 결핍과 사회적 편견에 저항하며, 공권력의 대상화에 맞서 성폭력을 성찰하고 주체적·능동적 모습을 보여준다. 우선, 노인 여성 피해자는 존엄성과 성적 자기결정권의 침해, 살아온 삶에 대한 부정으로 2차 피해를 입는다. 다음으로, 공권력은 성인지 감수성 결핍과 사회적 편견으로 인해 무능력을 드러내고, 피해자의 사적 처벌은 성폭행의 폭력성과 인간적인 교감을 대비시키며 구조적 폭력에 대한 저항을 보여준다. 마지막으로, 산업화 세대 노년 여성 피해자는 자신을 대상화하는 공권력에 저항해 주체적인 모습을 보여주고, 성폭력에 대해 성찰하게 되면서 딸과의 관계에도 능동적인 모습을 보여준다.

노인 여성 육체에 대한 성폭력과 인간 존엄성 훼손

필자는 〈69세〉에 재현되는 노인 대상 성폭행에서 드러나는 폭력의 다층성을 살펴보기 위해 주관적 폭력, 상징적 폭력, 구조적 폭력에 주목해 보았다. 이 영화는 주관적 폭력을 통해 신체적·정신적 취약성과 육체적·물리적 폭력을 드러내며, 강압적 폭력

동인이 햇살을 받으며 효정을 그리워하는 장면 ⓒ 네이버 영화

에 의한 지배·착취와 간접적 암시를 통한 거리두기, 폭력적 경험
으로 인한 고통과 무력감·고립감에 대한 성찰을 나타낸다. 그리
고, 이 영화는 상징적 폭력을 통해 노인 여성 무성화의 사회적 편
견과 가부장제의 폭력적 시선을 드러내며, 습관적·무의식적 언
어를 통한 폭력과 사회적 지배관계, 피해자의 비정상성 낙인과
남성 중심 사회의 차별·배제를 나타낸다. 또한 이 영화는 구조적
폭력을 통해 공권력의 가해/피해 전도와 법체계의 개연성 폭력
을 드러내고, 공권력·법체계와 정상적 상태에 내재한 비가시적
폭력, 권력관계에 의한 가해/피해 관계의 전도와 오인된 죄책감
을 나타낸다.

〈69세〉는 노인 여성 성폭행 실화 사건을 영화화한 작품으로
현실의 죽음과 영화의 삶을 대비시켜 여주인공의 의지를 강조하
며, 무성적 존재와 개연성 부족, 남성 중심 사회, 사회적 편견에

대한 피해자의 저항을 그려낸다. 이 영화는 폭력성에 대한 성찰을 통해 존엄성 훼손과 주체성에 대한 자각을 보여주며, 주변부 여성의 말하기를 통해 가해자의 성적 욕구를 일방적으로 충족시키는 강압적 성폭행 문제를 드러내며, 성인지 감수성 결핍과 사회적 편견 문제를 드러내어 육체적, 사회적, 제도적 폭력 등 폭력의 다층성을 보여준다. 이 영화는 노인 여성의 성폭력 피해를 다루면서 성폭행 사건보다 그 이후에 발생하는 여주인공의 정신적, 육체적 고통에 집중하면서 육체적 폭력, 언어적 폭력, 사회적 폭력을 영화에서 재현한다.

이 영화에 나타나는 노인 여성 성폭행 피해의 영화적 재현은 사회적 편견과 남성 중심 사회에 대한 윤리적 성찰이 나타나고, 관찰자 시선과 과거/현재 편집의 플래시백을 통해 객관적 거리두기와 육체적·정신적 고통을 표현하고, 포기, 일탈, 인식, 저항의 변화로 여성의 주체성을 강조한다. 〈69세〉는 가해자의 강제적

효정이 햇살을 받으며 동인의 시집을 읽는 장면 ⓒ 네이버 영화

인 성적 행위, 신체적·정신적·언어적 폭력, 성적 자기결정권 침해를 보여주며, 가해자의 쾌락만 추구하는 비정상적 성행위로 인한 주관적·상징적·구조적 폭력으로 인한 피해자의 끔찍한 고통을 통해 가장 끔찍한 성폭력을 표현한다.

참고문헌 ···

- 저서

Slavoj Žižek, Violence: Six Sideways Reflections, 2008, 슬라보예 지젝, 정일권·김희진·이현우(역), 『폭력이란 무엇인가 – 폭력에 대한 6가지 삐딱한 성찰』, 난장이, 2011.

- 영화

〈69세〉(임선애, 2020)

8장

공연하는 육체 앞의 단호함

이현재

카메라에 담기기로 한 육체의 단호함

코로나가 한참이던 2020년 12월 12일, 사카모토 류이치는 도쿄 NHK 509 스튜디오에서 무관객 콘서트를 열었다. 불투명한 미래와 불확실한 현재에 대한 위안이라는 어젠다로 열린 2020년 공연은 라이브 스트리밍으로 전 세계에 송출되었으며, 티켓을 보유한 관객에 한하여 4번 재관람할 수 있는 권한이 주어졌다. 당시 사카모토 류이치는 직장암이 재발한 상태였으며 폐와 간, 그리고 림프에도 암이 전이됐다는 진단을 받은 상태였다.

그 후 2022년 12월 11일, 사카모토 류이치는 다시 한번 더 같은 장소에서 무관객 공연을 열게 된다. 당시 공연은 라이브는 아니었다. 사카모토 류이치는 전이된 암으로 인해 건강이 악화해 죽음을 앞둔 상태였으며, 20여 곡을 라이브로 연주할 수 있는 체력이 없었다. 때문에 여러 차례에 걸쳐 연주를 녹음하고 녹화해야

했으며, 이는 카메라와 녹음 장치를 통해 기록되어 타임라인 위에서 편집된 뒤 방송으로 송출되었다. 그리고 2022년 12월 11일 송출된 영상의 로데이터들은 다시 영화로 편집되어 〈류이치 사카모토: 오퍼스 (Ryuichi Sakamoto | Opus)〉(소라 네오, 2023)(이하 〈오퍼스〉)라는 이름으로 개봉되었다.

〈오퍼스〉 포스터 ⓒ 네이버 영화

〈오퍼스〉는 사카모토 류이치의 아들인 소라 네오의 감독하에 만들어졌다. 스스로 전시되기 위해 무대에 올라온 사카모토 류이치를 케어해야 하는 중대한 임무를 수행할 수 있는 적임자였기 때문에 그가 감독을 맡은 것이리라. 다만, 나는 사카모토 류이치의 아들이 영화를 감독하며 〈오퍼스〉가 사카모토 류이치라는 인물의 마지막 연주를 담은 영화라기 보다는, 그가 마지막으로 피아노 앞에 선 모습을 담아놓은 개인적인 사진첩 같다는 인상을 지우기 힘들었다.

〈오퍼스〉에서 가장 자주 등장하는 숏 중 하나는 클로즈업이다. 피아노를 치고 있는 손, 사카모토 류이치의 눈 등 신체의 부분들을 화면에 담아놓은 장면들이 피아노에 맞춰 지나간다. 이러한 카메라 워킹은 관객의 자리에서는 확인할 수 없는 것들, 궁극적으로는 인간의 눈으로 볼 수 없는 것들을 담는다. 이는 사카모토 류이치라는 인물을 특별하게 만드는 힘이 있지만, 그를 어떤 인물로 기억하기보다는 어떤 장면으로 기억하게 만든다.

이러한 카메라 워킹에는 그 순간을 자세하게 담고자 하는 욕망이 내재되어 있다. 그 순간을 자세하게 담으려는 욕망 안에는 앞으로 사카모토 류이치를 볼 수 없을 것이라는 유한성에 대한 조바심이 웅크리고 있다. 그러나 사카모토 류이치는 "전에는 할 수 있었던 일을 지금은 할 수 없게 된 상황"에 대해 조바심을 내지 않는다. 도리어 영화의 초반에서 중반에 이르기까지, 사카모토는 힘겹게 피아노 치고 있음을 숨기지 않는다. 그리고 더 칠 수 없을 것 같을 때는 "잠깐 쉬었다 가자"는 말을 할 정도로 본인의 시간이 유한하게 흐르고 있다는 점에 대해 수용적이다.

결국 사카모토 류이치의 공연하는 순간을 포착하고자 하는 〈오퍼스〉는 사카모토 류이치의 공연 영화라기보다는, 차라리 그를 놓아주지 못한 사람들이 만든 영화로 보인다. 그 자리에서 사

〈오퍼스〉 스틸컷 ⓒ 네이버 영화

카모토 류이치의 육체는 자신이 음악 하는 사람이었음을 증언하는 몸이라기보단, 차라리 이내 사라지고 없어질 유한성을 받아들인 이가 기꺼이 남겨놓은 허물에 가까워 보인다. 여러모로 봐도 〈오퍼스〉에 등장하는 사카모토 류이치는 표면적이다. 그러나 그렇게 표면으로 남기를 두려워하지 않은 육체야말로 유한성을 수용하는 사카모토 류이치의 단호함을 드러낸다. 〈오퍼스〉의 그 단호함은 카메라의 냉혹함을 앞질러 있다.

육체 앞에 카메라를 놓아두기로 한 단호함

한편, 왕빙의 〈흑의인(黑衣人)〉(2023)은 2022년 5월 27일 떼아르트 데 부르 뒤 노르에서 왕시린이 홀로 퍼포먼스를 수행하는 육체의 모습을 담고 있다. 왕시린은 1966년 문화대혁명 당시 우익분자로 몰려 중국 공산당이 자행한 자아비판 고문의 피해자 중 한 명이며, 2017년 중국 허난성에서 독일 마인츠로 이민 간 음악가이다. 왕빙의 왕시린을 자신의 유일한 극영화 〈바람과 모래(夾邊溝)〉(2010)을 통해 알게 되었다.

〈흑의인〉 포스터 ⓒ IMDb

〈바람과 모래〉는 〈이름 없는 남

자(無名人)〉(2010)와 함께 2010년에 공개되었다. 고비사막 안에 천막으로 만든 강제수용소에서 지내는 인물들의 이야기를 담은 위 두 편의 영화는 단편 〈흔적들(遺址)〉(2014)을 거쳐 집단수용소 생존자의 증언을 담은 〈사령혼: 죽은 넋(死灵魂)〉(2018)의 출발점이 되었다. 왕빙의 데뷔작 〈철서구(铁西区)〉(2002) 이후 두 번째 커리어하이로 꼽히도 하는 〈사령혼〉의 지위 덕분인지 많은 평자들은 왕빙이 왕시린의 육체를 통해 지난 10여 년간 다큐멘터리 작업을 통해 증언해 왔던 '인민을 배반한 중국 정부'를 겨냥하고 있다고 지적했다.

〈흑의인〉은 왕빙의 오랜 다큐멘터리 커리어 내에서도 대단히 이질적인 작업 방식과 분위기를 가진 작품이다. 왕빙이 중국의 공산당을 비판하고 있다고 지적한 평자들은, 왕빙이 그 어느 때보다 감정적으로 중국을 바라보고 있음을 언급했다. 그러나 오랜 시간 왕빙의 영화를 쫓아왔던 정성일 평론가의 경우, KMDb 기고문을 통해 "왕시린을 누구를 내려다보고 있는 것일까. (중략) 아마도 그 자신을 내려다보고 있는 것만 같다"며 왕빙의 〈흑의인〉이 과거 정부의 과오를 비판하는 데 있지 않다는 점을 넌지시 언급했다.

정성일의 지적을 따라가 보면, 우리는 〈흑의인〉에서 왕빙이 두 가지 대상을 카메라에 담아놓았다는 것을 알 수 있다. 하나는 많은 평자가 지적하는 왕시린의 육체다. 그의 육체는 중국 공산당이 자행한 자아비판 고문을 통과했다. 더불어 그 이후의 삶과

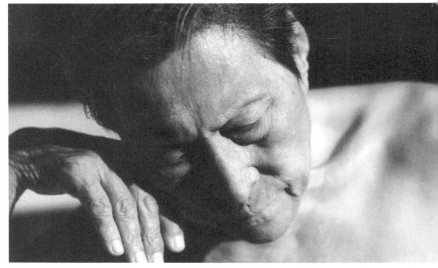

〈흑의인〉 스틸컷 ⓒ IMDb

시간이 부여한 피로와 노화를 안게 되었다. 따라서 왕빙이 왕시린의 육체를 통해 담아놓은 것은 두 가지다. 하나는 고문의 흔적이며, 다른 하나는 노화의 흔적이다.

그리고 왕빙은 〈흑의인〉을 떼아르트 데 부르 뒤 노르, 정확히 짚어서 말하면 공연장에서 찍었다. 공연장은 세 가지 공간적 특징이 있다. 하나는 외부와 구분을 지을 수 있도록 벽을 통해 일상으로부터 격리된 일탈적인 공간이라는 점이고, 다른 하나는 무대가 있는 공간이라는 점이다. 그리고 마지막으로 그 무대는 한정된 공간에서 전시될 수 있도록 공연장에 한 해 열려있다.

왕빙이 찍어놓은 대상을 따라가 보면, 우리는 보다 정확한 질

제3부 경계를 넘어서는 육체

문을 던질 수 있다. 왕빙은 왜 왕시린을 일탈적이며 한정된 공간 안에서만 열린 전시 공간에 데려갔을까? 혹자는 왕빙이 왕시린의 육체를 전시하여 중국 공산당의 과오를 비판하는 데 가장 효과적인 공간을 설정했다고 말할 것이고, 또 다른 이는 왕시린이 공산당이 자행한 자아비판 고문 이후의 시간을 견뎌온 공간이기 때문이라고 답할 것이다. 하지만 정성일이 오랜 시간 지적해 왔듯이, 왕빙은 무언가를 전시하기 위해 공간을 편집하는 경우가 없다. 이 점은 왕빙이 어떤 작업에서든 포기하지 않는 일종의 윤리강령이다. 그러므로 왕빙이 공간을 편집했다는 주장은 옳다고 보기 어렵다.

나는 왕시린의 육체를 전시하겠다는 기획의 주체가 왕빙이 아닌 왕시린의 아이디어였을 것으로 추측한다. 나는 왕시린이 자신

〈흑의인〉 스틸컷 ⓒ IMDb

8장 공연하는 육체 앞의 단호함

이 피아노를 쳤듯, 20여 년간 카메라로 대상을 관찰하는 방법론을 택한 다큐멘터리스트에게 자신의 방식을 권유하여 그동안 왕빙이 쌓아온 작업을 초과하는 방식을 제안했을 가능성에 대해 생각해 본다. 왕시린은 왕빙이 10년이 넘는 오랜 시간 동안 '고비사막의 집단수용소'에 대해 작업하고 관심을 기울여 온 다큐멘터리스트라는 점을 예술가로서 존중하는 동시에 도전하지 않았을까.

이 경우 〈흑의인〉은 지극히 사적인 이야기를 담은 공적인 영화가 된다. 이 관점에서 왕빙이 왕시린을 촬영한 공연장이라는 공간은 일종의 고해소에 가까운 장소였으리라 생각된다. 그곳에서 카메라는 일종의 신이며, 카메라를 운영하는 감독은 신부이고, 왕시린 육체는 "헛된 희망을 줄 수 없었기에 동화를 팔고 영광스러운 미래를 그릴 수 없었다"고 고하는 죄인이 된다. 이 순간 왕시린의 육체는 감정 없이 '그저 돌리면 기록되는' 냉혹한 관찰자 앞에 선 죄인이 된다.

이 지점에서 나는 그 카메라 뒤에 있는 왕빙의 육체를 생각한다. 오랜 시간 마음에 안고 있던 죄책감과 책무감을 쏟아내는 인물과 함께하는 이의 육체. 육체를 전시하겠다는 아이디어가 왕빙의 기획이 아니었음에도 〈흑의인〉이 왕빙의 영화라고 말할 수 있는 요소가 있다면, 그것은 카메라 앞이 아닌 뒤에 있다. 절대적인 관찰자가 필요한 곳에, 그 절대성을 강림시키는 능력. 이는 〈흑의인〉을 왕빙의 영화로 만드는 중요한 요소다. 영화는 보이지 않는 요소를 통해 완성되기도 한다.

| 르몽드 코리아의 책 |

젊으니까 입 닥치라고?
: 당신은 왜 가만히 있는가?

살로메 사케 저

이 책의 목표는 연령을 경계로 세우고 세대들을 대립시키는 것이 아니라, 장년세대가 청년세대를 어떻게 다루는지 살펴보는 것이다.

영화와 권력

김경욱, 서곡숙, 송영애 외

우리 시대의 권력은 노골적으로 잘 드러나지는 않지만, 한편으로는 매우 미시적으로 인간의 신체와 개인의 내면 깊숙이 정교하게 침투하고 있다.

영화와 가족

김경욱, 서곡숙, 최재훈 외

영화가 영상 매체이자 이야기 매체라고 할 때, 이야기의 중심에는 인간이 놓일 수밖에 없다.

영화와 배우

김경욱, 서곡숙, 최재훈 외

우리는 거의 매일 영화나 드라마를 접하고 있기에, 배우가 연기하는 건 너무 친숙한 사건이다. 그런데 되돌아보면 '배우가 연기한다'는 건 참 이상한 일이기도 하다.

영화와 관계

서곡숙, 서성희 외

인생의 어느 한 지점에서 만날 수 있는 여러 관계들을 그려낸 영화들 중에서, 영화평론가들의 마음 한 구석을 불편하게 만들었던 영화와 등장인물들의 관계에 주목했다.

유럽영화감독 1

서곡숙, 박태식 외

이 책은 유럽영화의 문법에 익숙하지 않은 독자들이 보다 쉽게 유럽영화에 입문할 수 있는 길잡이가 되어줄 것이다.

영화로 읽는 세계 전쟁사

김병재 저

역사를 들여다보는 방법은
많다. 영화 역시, 끊임없이
스크린 속으로 역사를 끌어
들여왔다. 그렇게 영화는 전
쟁이 몰고 온 인간의 삶과 죽
음에 주목해 왔다.

영화로 읽는 도시 이야기

서곡숙, 서성희 외

영화 속 공간은 이야기를 진
행시키는 실체적 배경이다.
강한 빛만큼이나 짙은 어둠
이 드리운 도시의 풍경은 사
람들의 삶을 더 영화적으로
만들어가고 있다.

영화의 장르, 장르의 영화

서곡숙, 이호 외

우리는 왜 영화를 장르적으
로 사고하고, 장르적인 분류
법에 따라서 영화를 읽고 공
부하려 하는가?

욕망의 모모한 대상

서곡숙, 최재훈 외

사회적 함의 속에서 욕망에
관한 영화는 그 태도에서 명
백하게 갈등에 빠지고 만다.
하지만 그런 안전장치를 과감
하게 깨부수고, 강렬한 메시
지를 선택하는 영화도 있다.

소사이어티 없는 카페

성일권 저

이 글은 세상에 늘 낯선 이질
감을 느끼는 어느 표류자(漂
流子)가 표표히 흐른 지난 세
월의 흔적들을 더듬어본 소
소한 기록이라 해야겠다.

세계문학 오디세이아

안치용 저

이 책은 '사랑', '근대', '구원'
등 16개 주제로 누구나 동의
하는 세계문학 고전을 종횡
무진 휘저어 탐색한 결과물
이다.

우리는 왜 피로한가

김민정, 김정희, 서곡숙 외

급격한 경제발전, 무한경쟁, 성과주의, 비교문화… K-피로에 대해 이미 많은 사람이 저마다의 진단과 해법을 제시해 왔다. K-피로에 대한 아홉 편의 글.

문화, 공동체를 상상하다

서곡숙, 양근애, 이주라 외

공동체는 문화만큼이나 크고 넓은 말이기에 망라할 수 없는 미지의 영역으로 끊임없이 움직이고 있다.

문화, 정상은 없다

류수연, 서곡숙, 이병국 외

우리 삶 저변에 놓인 정상성 논의가 우리에게 가하는 억압과 차별의 기제를 살펴보고 이를 돌파할 여지를 모색하고자 하였다.

비판 인문학 120년사

성일권 저

인문주의는 인간 고유의 가치를 담은 예술·종교·철학·과학·윤리학 등을 존중하며, 인간을 짓밟는 모든 압력을 떨쳐내려는 노력을 일컫는다.

페미니즘과 섹시즘

피에르 부르디외 저

여성들이 자신의 존엄성을 찾기 위해 한 세기 넘도록 힘겹게 투쟁해온 지난한 여정을 담고 있다.

그곳에 가면 다른 페미니즘이 있다

에마 골드만 저

국제사회에서의 여성 억압 현실과 여성들의 투쟁과 전진, 그리고 여성운동의 성취와 과제를 짚어본다.

좌파가 알아야 할 것들

르몽드 디플로마티크 저

진보정치를 향한 인류의 거대한 희망과 그 희망을 실현하기 위한 다양한 실험과 좌절, 새로운 진보정치의 재시도, 그리고 한국 진보정치의 시련과 도전을 다루고 있다.

극우의 새로운 얼굴들

세르주 알리미 외

지구적으로 세계화의 그늘에서 독버섯처럼 퍼지고 있는 극우세력의 실체와 그 위험성을 담아내고 있다.

나쁜 장르의 B급 문화

슬라보예 지젝 외

저평가되는 장르들은 형태의 배반이며, 의미의 배반이다. 이것들은 형태를 새롭게 하며, 의미에 질문을 제기한다.

국제관계 전문시사지 〈르몽드 디플로마티크〉는 프랑스 〈르몽드〉의 자매지로 전세계 20개 언어, 37개 국제판으로 발행되는 월간지입니다. 르몽드코리아는 계간 테마무크지 〈마니에르 드 부아르〉 및 단행본 등을 함께 펴내고 있습니다.

영화와 육체

초판 1쇄 발행   2025년 4월 30일

지은이   김 경 김현승 김희경 서곡숙
                송상호 송영애 윤필립 이현재
펴낸이   성일권
펴낸곳   (주)르몽드코리아
커뮤니케이션   이재민 김유진
디자인   조은수
인쇄·제작   디프넷

펴낸곳   (주)르몽드코리아
주소   서울특별시 마포구 양화대로 1길 83 석우 1층
출판등록   2009. 09. 제2014-000119
홈페이지   www.ilemonde.com
SNS   Facebook   ilemondekorea
                Instagram lediplo.kr
                X   le_diplo_korea
전자우편   info@ilemonde.com

ISBN   979-11-92618-74-6

이 도서의 국립중앙도서관 출판예정도서목록(CIP)은
서지정보유통지원시스템 홈페이지 (http://seoji.nl.go.kr) 와
국가자료공동목록시스템 (http://www.nl.go.kr/kolisnet) 에서 이용하실 수 있습니다.